Para o Horácio, com votos de felicidades, [illegible] 22/01/2015

CLASSIFICAÇÃO DOS DIREITOS FUNDAMENTAIS

do sistema geracional ao sistema unitário

— uma proposta de compreensão —

S296c Schäfer, Jairo.

Classificação dos direitos fundamentais: do sistema geracional ao sistema unitário: uma proposta de compreensão / Jairo Schäfer. – 2. ed. rev. atual. – Porto Alegre: Livraria do Advogado Editora, 2013.

111 p.; 21 cm. – (Coleção Estado e Constituição; 5)

ISBN 978-85-7348-873-9

1. Direito e garantias individuais. I. Título. II. Série.

CDU 342:7

Índice para catálogo sistemático:

1. Direito e garantias individuais 342:7

(Bibliotecária responsável: Sabrina Leal Araujo – CRB 10/1507)

Estado e Constituição – 5

JAIRO SCHÄFER

Classificação dos Direitos Fundamentais

do sistema geracional ao sistema unitário

— uma proposta de compreensão —

2ª EDIÇÃO
Revista e Atualizada

livraria
DO ADVOGADO
editora

Porto Alegre, 2013

Capa, projeto gráfico e diagramação
Livraria do Advogado Editora

Revisão
Rosane Marques Borba

Livraria do Advogado Editora Ltda.
Rua Riachuelo, 1300
90010-273 Porto Alegre RS
Fone/fax: 0800-51-7522
editora@livrariadoadvogado.com.br
www.doadvogado.com.br

Impresso no Brasil / Printed in Brazil

Dedico esse trabalho ao Professor
Doutor Jorge Miranda,
Meu orientador do Curso de
Doutoramento da Faculdade de
Direito da Universidade de Lisboa,
pelo exemplo de dignidade e
generosidade.

Nota da organização

Chegamos, com o presente trabalho, de mais um jovem autor – Jairo Schäfer –, juiz federal doutorando em Direito pela prestigiosa Universidade de Lisboa, sob a orientação do reconhecido Prof. Jorge Miranda, ao quinto número da Coleção "Estado e Constituição". Agora, em sua segunda edição, dando mostras do acerto na seleção de autores e títulos, bem como confirmando o prestígio editorial desta Coleção e da Livraria do Advgado Editora.

Refletindo suas pesquisas período de estudos em instituições europeias – em Portugal, Itália e Espanha – e o desenvolvimento de sua reflexão crítica em torno ao tema, como apontado pelo Min. Gilmar Mendes na apresentação que segue, o trabalho adquire contornos ainda mais sólidos e firmes, contribuindo para a edificação de uma chave de leitura que permita uma reflexão concretizadora e engajada com o projeto humanitário contido na cultura dos direitos humanos e fundamentais, apesar da barbárie ainda reinante, em permanente tensão, como bem aponta Edgar Morin (vide: Cultura e Barbárie europeias).

O tema proposto, sempre de grande atualidade, repercute questões relativas aos direitos fundamentais, em particular no que diz com a sua classificação diante do caráter inapreensível que os mesmos guardam.

Nestas reflexões, no formato adotado por esta coleção, sob os auspícios da Livraria do Advogado Editora, o autor sugere que *o estudo da evolução dos direitos fundamentais confunde-se com a própria história do Estado de Direito*, o que evidencia sua transformação constante, aliás como percebida na própria mutação que se opera na trajetória deste, quando passa de seu perfil liberal clássico para assumir-se como Estado Social de Direito e, posteriormente, como Estado Democrático de Direito. Evidenciam-se também os dilemas enfrentados para pôr em prática os seus conteúdos em um ambiente histórico de amplo, expresso e contínuo reconhecimento dos mesmos e, ao mesmo tempo, de um continuado e profundo desrespeito, exigindo de todos nós uma vigilância permanente e um comprometimento em sua realização.

Com isto, a proposta forjada no presente estudo vislumbra *examinar na doutrina a questão envolvendo a classificação dos direitos fundamentais, na perspectiva de formulação de um sistema de compreensão unitária* dos mesmos para, com isso, reforçar o cunho compromissório que tem com os *grandes problemas práticos e teóricos decorrentes da falta de uma compreensão adequada dos direitos fundamentais, principalmente no que se refere à efetivação da categoria denominada novos direitos*.

Vê-se, assim, que as análises que seguem podem contribuir não apenas para uma reflexão mais apurada, como também para um maior comprometimento não apenas dos operadores do direito, mas de todos, com a salvaguarda e promoção de uma vida digna e de uma prática política comprometida com uma sociedade justa e solidária, tal qual "prometido" e "acordado" em nossa Carta Republicana, agora completando 25 anos.

Por óbvio que o texto, como já dito outras vezes e característico dos trabalhos aqui editados, não pretende esgotar a matéria; pelo contrário, a perspectiva que se abre é a de ofertar ao leitor algumas portas que se abrem e a instigação para que percorra novos caminhos de investigação.

Com isso, que a Coleção "Estado e Constituição" dá mais uma contribuição para o diálogo constitucional brasileiro, marcado pelas transformações que passam Estado e Constituição nos dias atuais.

Da mesma forma, permanecemos receptivos ao diálogo com novas leituras que busquem recuperar ou abrir caminhos para a compreensão do fenômeno do Estado e do constitucionalismo contemporâneo, de seu caráter, de seus "lugares" de produção e de seus espaços e estratégias de/para realização, tendo presente a perspectiva de pensarmos Estado e Constituição como que *irmãos siameses*.

Boa leitura e, estamos de parabéns. Jairo Schäfer, pela qualidade e receptividade de seu trabalho; esta Coleção, por nós dirigida, pela "conjunto da obra" – que, em breve, receberá novos companheiros – e a Livraria do Advogado, pelo apoio incondicional.

Porto Alegre, junho de 2013.

Prof. Dr. Jose Luis Bolzan de Morais

Sumário

Apresentação

O verniz civilizacional que, à primeira vista, transparece do avançado grau de informação de nossos dias não parece convencer sobre igual progresso no âmbito das relações sociais. Senão, como explicar o fato de que, em pleno século XXI, violações graves ainda continuem a ser perpetradas? O que dizer dos vários tipos de escravidão moderna – meninas submetidas à prostituição forçada, trabalhadores encapsulados em virtude da servidão por dívida, crianças recrutadas pelo tráfico, pelos conflitos tribais, pela guerra civil? Como não estarrecer diante das 215 milhões de crianças que trabalham atualmente em todo o mundo (dados da Organização Internacional do Trabalho), em clara afronta ao universal direito à educação? A extensa lista de ignomínias – capaz de causar perplexidade até nos mais céticos ou cínicos – contempla ainda, entre tantas, morte por apedrejamento de adúlteras, execução de homossexuais, tortura estatal como método investigativo.

O fato é que, passados quase oitocentos anos do documento havido como a petição de direitos que configurou o primeiro esboço de Constituição – a Magna Carta de 1215, imposta ao rei britânico João I, conhecido como João sem Terra –, o constitucionalismo ainda dá mostras contundentes de que precisa continuar avançando, num processo que, a um só tempo, revela-se como causa e efeito do gradual movimento de democratização do mundo.

De eméritos teóricos a autores bissextos, de renomados doutrinadores a artífices locais – o que inclui milhares de anônimos e incansáveis juízes, professores, advogados –, vasto é o universo de heróis que lutam diariamente para que, em suma, a dignidade humana – o fundamento primeiro de toda Constituição verdadeiramente democrática – seja reconhecida e respeitada como inerente condição de cidadania, ao largo de quaisquer considerações pessoais.

Nesse lento processo de evolução da consciência política e jurídica dos povos, as constituições – construções abertas e coletivas como, de resto, devem ser as democracias – hão de ser interpretadas à mercê de visão sistêmica que conduza do inaugural individualismo à responsabilização coletiva, e não o contrário. Em outras palavras, para que a humanidade caminhe mais celeremente à realização plena dos valores da cidadania, ajudaria muito se intermináveis elucubrações doutrinárias e jurisprudenciais cedessem espaço às expectativas constitucionais plasmadas nos catálogos de direitos fundamentais.

Com o talento natural dos grandes mestres, Jairo Schäfer – jurista de escol que, além de professor, é juiz federal – propõe-se a desmitificar certos pressupostos doutrinários, de maneira a desconstruir a dupla ética que se esteia na subdivisão desses direitos em categorias estruturalmente estanques.

Ao combater a hierarquia valorativa que, para justificar o postergamento da incorporação dos direitos fundamentais sociais, empurra-os a um segundo plano, o autor endossa lições de Jorge Miranda, eminente constitucionalista português que, identificando princípios e regras comuns a todos os direitos fundamentais, garante a aplicabilidade de regras idênticas àquelas pertinentes aos direitos, liberdades e garantias aos direitos econômicos, sociais e culturais. Dessa maneira, reconhecendo a existência de eficácia jurídica obrigatória aos direitos sociais, evita-se que conquistas civilizatórias de tão elevado jaez fiquem relegadas à categoria de meros enunciados programáticos.

O texto claro e preciso do Dr. Jairo Schäfer, aliado ao cunho didático da exposição – bem ilustrada com os ensinamentos do Direito Comparado e com os exemplos extraídos de minuciosa pesquisa jurisprudencial que ultrapassa as fronteiras nacionais – torna a obra acessível não só à comunidade acadêmica ou jurídica. Em síntese simplista, trata-se de obra que vem a ser, de fato, positivo receituário para compreender e estimular o percurso até a cidadania plena.

Classificação dos Direitos Fundamentais do Sistema Geracional ao Sistema Unitário – uma Proposta de Compreensão, agora em 2ª edição, revista e atualizada, é daquelas publicações que, além de já nascerem com perfil de verdadeiro clássico, oferecem real contributo ao aperfeiçoamento do Estado de Direito, mormente em sociedades como a brasileira, cuja democracia, ainda imberbe, ressente-se de atávica injustiça social, em que pese figurar entre os dez maiores PIBs do planeta.

A obra de Jairo Schäfer, ao contribuir para a extirpação de obsolescências teóricas, mostra que é possível tornar concreto, driblando pseudoimpedimentos institucionais, o prioritário objetivo de incorporar decisivamente os direitos fundamentais sociais ao patrimônio jurídico dos cidadãos. Mais uma razão para vivamente recomendá-la.

Ótima leitura e proveitoso aprendizado a todos.

Brasília, junho de 2013.

Gilmar Mendes

Ministro do Supremo Tribunal Federal

Introdução

Este livro, intitulado *Classificação dos Direitos Fundamentais: do sistema geracional ao sistema unitário – uma proposta de compreensão,* busca examinar aspectos doutrinários e jurisprudenciais relacionados à classificação dos direitos fundamentais. Os problemas teóricos que deverão ser enfrentados referem-se à possibilidade da concepção de teoria válida que compreenda os direitos fundamentais de modo unitário. Tendo-se em vista as diversas classificações doutrinárias propostas ao estudo dos direitos fundamentais, o problema central pode assim ser enunciado: é possível a compreensão unitária dos direitos fundamentais, a partir da indivisibilidade de seus núcleos essenciais?

Justifica-se o presente trabalho em razão dos grandes problemas práticos e teóricos decorrentes da falta de compreensão adequada dos direitos fundamentais, principalmente no que se refere à efetivação da categoria denominada *novos direitos*. As teorias classificatórias desses direitos que se embasam na diferenciação estanque das diversas categorias jurídicas fundamentais acabaram por gerar certo esvaziamento do conteúdo protetivo da própria norma constitucional, no momento em que não conseguiram atribuir resposta adequada aos problemas gerados pela introdução, no sistema constitucional, dos novos direitos, cujas molduras em muito se afastam daquelas concebidas para tratar dos direitos fundamentais clássicos. O estudo teórico do tema *Classificação dos Direitos Fundamentais: do sistema geracional ao sistema unitário*

– *uma proposta de compreensão*, assim, assume vital importância em uma sociedade complexa e marcadamente difusa, objetivando-se preservar a eficácia útil dos direitos fundamentais.

Dessa forma, como objetivo geral da pesquisa, pretende-se examinar na doutrina a questão envolvendo a classificação dos direitos fundamentais, na perspectiva de formulação de um sistema de compreensão unitária dos direitos fundamentais.

No primeiro capítulo, será abordada a concepção geracional dos direitos fundamentais, a qual utiliza a evolução histórica como elemento essencial à própria caracterização e individualização dos direitos fundamentais. Em vista da progressiva afirmação da respectiva juridicidade, parte-se do modelo inicial (consenso sobre a limitação do poder) até o modelo atual (pluralismo democrático com efetiva interligação responsável entre Estado e cidadão). Os direitos fundamentais, com base nesse critério, sofrem tríplice classificação: a) direitos fundamentais de primeira geração; b) direitos fundamentais de segunda geração; c) direitos fundamentais de terceira geração. Ainda nesse capítulo, em virtude da interdependência teórica, será analisada a abertura constitucional a novos direitos, à luz de conceito materialmente adequado, como pressuposto à concepção evolutiva dos direitos fundamentais. Por fim, serão elaboradas críticas a esse modo de concepção dos direitos fundamentais, tendo-se em vista a insuficiência doutrinária dos critérios classificatórios propostos.

No segundo capítulo, será analisada a concepção dualista dos direitos fundamentais, a qual tem por elemento essencial à classificação dos direitos fundamentais o conteúdo preponderante do direito considerado. A partir do conhecimento do núcleo essencial dos direitos, a posição realizadora do Estado passa a integrar o processo de classificação, ao estabelecer interligação entre o conteúdo do direito e a função do Estado diante de sua efetivação. Criam-se duas categorias jurídicas distintas. De um lado, as liberdades negativas; de outro, as liberdades positivas. Às liberdades negativas corresponde a postura omissiva do Estado. As liberdades positivas, ao contrário, encontram sua realização na função promocional do Estado, consubstanciando aqueles direitos que reclamam, para serem efetivados, a prática de condutas concretas por parte do poder público. Em virtude de sua importância para o estudo do tema, será analisada pormenorizadamente a contribuição de Robert Alexy à classificação dos direitos fundamentais.

O terceiro capítulo dedica-se ao estudo da possibilidade de elaboração de sistema de direitos fundamentais que supere os sistemas diferenciatórios anteriores e que se proponha a compreender de forma unitária os direitos fundamentais. Confere-se especial análise à contribuição teórica de Jorge Miranda, a quem se deve a abordagem pioneira desse fenômeno, qual seja, incapacidade de se atribuir solução constitucional válida à efetivação dos direitos fundamentais quando não se considerar a indivisibilidade dos direitos como nota essencial a sua própria estrutura teórica. Será examinada a concepção principiológica como posição teórica a favor dos direitos fundamentais. Por fim, será enfrentado o tema da compreensão unitária dos direitos fundamentais como exigência de uma sociedade marcadamente complexa e pluralista, na qual há interligação indeclinável entre todos os direitos, não sendo possível a separação dos direitos, abstratamente, em grupos estanques, pois somente a compreensão dos direitos fundamentais em sua totalidade é que pode atribuir respostas adequadas aos graves problemas atualmente apresentados no que se refere à efetivação dos direitos fundamentais.

Por último, das considerações finais constam reflexões que têm por objetivo conduzir tanto à síntese da pesquisa quanto às respostas para as inquietações que motivaram a elaboração do presente trabalho, fundamentalmente no que se refere à possibilidade de se conceber um sistema unitário de compreensão dos direitos fundamentais.

Capítulo I

A classificação dos direitos fundamentais consoante o elemento histórico: os direitos fundamentais geracionais

1.1. Considerações gerais

O estudo da evolução dos direitos fundamentais confunde-se com a própria história do Estado de Direito. Segundo Reinhold Zippelius, uma antiga preocupação do Estado de Direito consiste na criação de instâncias de controle que vigiem os órgãos do Estado, para que estes não ultrapassem as suas competências,[1] vinculando o poder público ao ordenamento jurídico.

Assim, conhecida classificação doutrinária dos direitos fundamentais utiliza a evolução histórica como elemento essencial à própria caracterização e individualização dos direitos fundamentais,[2] considerando-se a progressiva afirmação da respectiva juridicidade, pois, conforme Vieira de Andrade,[3] esta espécie de direito é obra da civilização jurídica e pressupõe a existência de uma forma política – o

---

[1] ZIPPELIUS, Reinhold. *Teoria Geral do Estado*, 1997, p. 390.

[2] Dentre outros: PORRAS NADALES, Antonio J. *Derechos e interesses. Problemas de tercera generacion*; CRUZ VILLALON, Pedro. *Formacion y evolucion de los derechos fundamentales.* PÉREZ LUÑO, Antonio-Enrique. *Las generaciones de derechos humanos;* PIZZORUSSO, Alessandro. *Las «generaciones» de derechos;* BONAVIDES, Paulo. *Curso de Direito Constitucional.* 7. ed. São Paulo: Malheiros, 1997.

[3] VIEIRA DE ANDRADE, José Carlos. *Os direitos fundamentais na Constituição portuguesa de 1976.* 5ª ed. Coimbra: Almedina, 2012, p. 69.

Estado – que *"ordene a sociedade e assegure as suas condições de validade e de exercício, consoante as exigências dos tempos"*, partindo-se do modelo inicial (consenso sobre a limitação do poder)[4] até o modelo atual (pluralismo democrático com efetiva interligação responsável entre Estado e cidadão).

Os direitos fundamentais, com base nesse critério, sofrem tríplice classificação: a) *direitos fundamentais de primeira geração*; b) *direitos fundamentais de segunda geração*; c) *direitos fundamentais de terceira geração*. Para esta concepção, três elementos serão essenciais: a) relação Estado *versus* cidadão: b) concepção política do Estado; c) espécie de direito considerado (individual, coletivo ou difuso).

Não obstante já se possa conceber a quarta geração de direitos fundamentais (ou, ainda, para alguns autores, a quinta geração), na presente pesquisa, optou-se por trabalhar com o modelo teórico que divide os direitos fundamentais em somente três gerações, pois ainda não se formulou critério científico que autonomize os chamados "novos direitos" daqueles integrantes das três gerações dos direitos fundamentais conhecidas. Com efeito, o direito à paz mundial, geralmente invocado como sendo um direito de quarta geração, possui todas as características que o colocam adequadamente junto aos direitos fundamentais de terceira geração, ainda que ultrapasse as fronteiras nacionais e somente possa ser efetivado a partir da consciência de cidadania global. Todavia, o mesmo fenômeno ocorre com o direito ao meio ambiente equilibrado – típico direito de terceira geração –, não sendo possível limitar os efeitos das agressões a esse direito a determinado território soberano, percebendo-se, nesses direitos, certa interligação entre as diversas dimensões.

Os direitos fundamentais das três gerações, *nessa teoria classificatória*, diferenciam-se estruturalmente entre si,

---

[4] PECES-BARBA MARTÍNEZ, Gregório. *Curso de derechos fundamentales. Teoria general.* Madrid: Universidad Carlos III, 1999, p. 155.

em virtude do elemento *preponderante* que lhes compõem: enquanto os direitos de Primeira Geração exigem um não agir do Estado (direito negativo), a implementação dos direitos de Segunda Geração justamente está centrada na prestação estatal (direito à prestação). Por sua vez, a nota diferenciatória inovadora dos direitos de Terceira Geração reside no caráter difuso, inexistente nas estruturas normativas anteriores. São, portanto, estruturalmente diferentes esses grupos de direitos.

A classificação, pois, ocorre não somente em virtude de os direitos não serem previstos na geração anterior, mas porque os direitos emergentes trazem, *estruturalmente*, algum elemento preponderante ausente nos direitos anteriormente classificados. Se assim não fosse, cada surgimento de determinado direito novo deveria ser acompanhado da formulação de nova geração dos direitos fundamentais, num movimento infinito e improdutivo cientificamente.

Relativamente à espécie de direito, serão consideradas três categorias, assim precisadas conceitualmente:

I) **Direitos individuais**: abrange aquela espécie de direito em que poderá ocorrer, de modo absoluto, a determinação do titular individual da posição jurídica. Ou seja, há perfeita identificação do sujeito bem como de sua relação com o seu direito. São os direitos tradicionalmente conhecidos e trabalhados pela doutrina jurídica, nos quais a proteção jurisdicional é facilitada justamente por haver a identificação precisa do titular do direito, o qual se movimenta juridicamente tão logo ocorra a lesão as suas pretensões. Subdividem-se em a) *direitos individuais simples* e b) *direitos individuais homogêneos*. A ligação entre os diversos titulares individuais a uma relação jurídica base (prevalência de questões de direito e de fato comuns) qualifica os direitos individuais homogêneos, recomendando, por razões de política judicial, a tutela coletiva de algumas das pretensões derivadas destas relações jurídicas.[5] O direito à justa indenização pela perda definitiva da propriedade[6] é exemplo de direito individual simples; no âmbito das relações consumeristas, o *recall* na indústria automobilística pode ser citado como exemplo de direito individual homogêneo.[7] Na jurisprudência, podem ser colhidos outros julgados envolvendo a conceituação dos direitos individuais simples e homogêneos: REsp nº 823.063;[8] RE 604481 AgR;[9] AI 809018 AgR;[10] RE 472489 AgR.[11]

---

[5] Pretensões de natureza tributária dos contribuintes, ainda que caracterizada a homogeneidade da relação jurídica, não podem ser objeto de tutela judicial coletiva tendo por autor o Ministério Público, conforme decisão do STF proferida no sistema da repercussão geral: STF. Plenário Virtual. ARE 694294. Rel. Min. Luiz Fux: "Reafirmada jurisprudência sobre ilegitimidade do MP para questionar tributos em defesa dos contribuintes. Em análise do Recurso Extraordinário com Agravo (ARE) 694294, o Supremo Tribunal Federal (STF), por meio de deliberação no Plenário Virtual, reafirmou jurisprudência no sentido de que o Ministério Público não tem legitimidade processual para requerer, por meio de ação civil pública, pretensão de natureza tributária em defesa dos contribuintes, visando questionar a constitucionalidade de tributo. A decisão da Corte ocorreu por maioria dos votos e teve repercussão geral reconhecida." (www.stf.jus.br).

[6] STF, AI 857979 AgR, Rel. Min. Gilmar Mendes: "Justa e prévia indenização. Art. 5º, XXIV, da Constituição Federal. 3. Aferição. Perda definitiva do direito de propriedade.Precedentes. 4. Agravo regimental a que se nega provimento." (www.stf.jus.br).

[7] STJ, REsp 1168775, Rel. Min. Paulo Sanseverino: "RESPONSABILIDADE PELO FATO DO PRODUTO. AUTOMÓVEL FIESTA. QUEBRA DO BANCO DO MOTORISTA. DEFEITO DE FABRICAÇÃO. PERDA DO CONTROLE DO VEÍCULO. ACIDENTE GRAVE. *RECALL* POSTERIOR AO EVENTO DANOSO. ÔNUS DA PROVA DO FABRICANTE. 1 – Ação de indenização proposta com base em defeito na fabricação do veículo, objeto de posterior *recall*, envolvido em grave acidente de trânsito. 2 – Comprovação pelo consumidor lesado do defeito do produto (quebra do banco do motorista com o veículo em movimento na estrada) e da relação de causalidade com o acidente de trânsito (perda do controle do automóvel em estrada e colisão com uma árvore), que lhe causou graves lesões e a perda total do veículo. 3 – A dificuldade probatória ensejada pela impossibilidade de perícia direta no veiculo sinistrado, no curso da instrução do processo, não caracteriza cerceamento de defesa em relação ao fabricante." (www.stj.jus.br).

[8] STJ, Quarta Turma. Relator Min. Raul Araújo: "RECURSO ESPECIAL. PROCESSUAL CIVIL. CONSUMIDOR. AÇÃO CIVIL PÚBLICA AJUIZADA POR ASSOCIAÇÃO. DIREITO INDIVIDUAL HOMOGÊNEO NÃO DEMONSTRADO. INÉPCIA DA INICIAL E CARÊNCIA DE AÇÃO. INADEQUAÇÃO DA VIA ELEITA. RECURSO A QUE SE NEGA PROVIMENTO. 1. Para configuração de legitimidade ativa e de interesse processual de associação para a propositura

de ação civil pública em defesa de consumidores, faz-se necessário que a inicial da lide demonstre ter por objeto a defesa de direitos difusos, coletivos ou individuais homogêneos. Não é cabível o ajuizamento de ação coletiva para a defesa de interesses meramente individuais, o que importa carência de ação. 2. Nas ações em que se pretende a defesa de direitos individuais homogêneos, não obstante os sujeitos possam ser determináveis na fase de conhecimento (exigindo-se estejam determinados apenas na liquidação de sentença ou na execução), não se pode admitir seu ajuizamento sem que haja, ao menos, indícios de que a situação a ser tutelada é pertinente a um número razoável de consumidores. O promovente da ação civil pública deve demonstrar que diversos sujeitos, e não apenas um ou dois, estão sendo possivelmente lesados pelo fato de 'origem comum', sob pena de não ficar caracterizada a homogeneidade do interesse individual a ser protegido. 3. Recurso especial a que se nega provimento." (www.stj.jus.br).

[9] STF, Primeira Turma, Rel. Min. Rosa Weber: "AÇÃO CIVIL PÚBLICA. LEGITIMIDADE DO MINISTÉRIO PÚBLICO FEDERAL. DIREITOS INDIVIDUAIS HOMOGÊNEOS. CONTRIBUINTES. DESPESAS COM EDUCAÇÃO. INCONSTITUCIONALIDADE DAS RESTRIÇÕES IMPOSTAS PELA RECEITA FEDERAL DEVOLUÇÃO DE IMPOSTO DE RENDA. A jurisprudência desta Casa se encontra firmada no sentido de que o Ministério Público não ostenta legitimidade para a propositura de ação civil publica contra a Fazenda Pública em defesa de interessesindividuais homogêneos de contribuintes. Precedentes. Agravo regimental conhecido e não provido." (www.stf.jus.br).

[10] STF, Primeira Turma, Rel. Min. Dias Toffoli: "Legitimidade do Ministério Público. Ação civil pública. Implementação de políticas públicas. Possibilidade. Violação do princípio da separação dos poderes. Não ocorrência. Precedentes. 1. Esta Corte já firmou a orientação de que o Ministério Público detém legitimidade para requerer, em Juízo, a implementação de políticas públicas por parte do Poder Executivo, de molde a assegurar a concretização de direitos difusos, coletivos e individuais homogêneosgarantidos pela Constituição Federal, como é o caso do acesso à saúde. 2. O Poder Judiciário, em situações excepcionais, pode determinar que a Administração Pública adote medidas assecuratórias de direitos constitucionalmente reconhecidos como essenciais, sem que isso configure violação do princípio da separação de poderes. 3. Agravo regimental não provido." (www.stf.jus.br)

[11] STF, Segunda Turma, Rel. Min. Celso de Mello: "DIREITOS INDIVIDUAIS HOMOGÊNEOS - SEGURADOS DA PREVIDÊNCIA SOCIAL – CERTIDÃO PARCIAL DE TEMPO DE SERVIÇO – RECUSA DA AUTARQUIA PREVIDENCIÁRIA - DIREITO DE PETIÇÃO E DIREITO DE OBTENÇÃO DE CERTIDÃO EM REPARTIÇÕES PÚBLICAS – PRERROGATIVAS JURÍDICAS DE ÍNDOLE EMINENTEMENTE CONSTITUCIONAL – EXISTÊNCIA DE RELEVANTE INTERESSE SOCIAL – AÇÃO CIVIL PÚBLICA – LEGITIMAÇÃO ATIVA DO MINISTÉRIO PÚBLICO – A FUNÇÃO INSTITUCIONAL DO MINISTÉRIO PÚBLICO COMO 'DEFENSOR DO POVO' (CF, ART, 129, II) – DOUTRINA – PRECEDENTES – RECURSO DE AGRAVO IMPROVIDO. – O direitoà certidão traduz prerrogativa jurídica, de extração constitucional, destinada a viabilizar, em favor do indivíduo ou de uma determinada coletividade (como a dos segurados do sistema de previdência social), a defesa (individual ou coletiva) de direitos ou o esclarecimento de situações. – A injusta recusa estatal em fornecer certidões, não obstante presentes os pressupostos legitimadores dessa pretensão,

A estrutura dessa espécie de direito pode assumir a seguinte representação:

 T*d* ⟺ D

Onde:

T*d*: titular determinável do direito

D: direito objeto de consideração

II) **Direitos difusos**: são direitos transindividuais, nos quais se constata a indeterminação absoluta dos titulares, ou seja, não é possível identificar a titularidade individual para esta espécie de pretensão. São os *novos direitos*, relacionados estreitamente com a massificação da sociedade contemporânea, sendo que o exercício concreto dessa espécie de direito pressupõe o agir solidário, no momento em que não permite o seu exercício individual. São exemplos jurisprudenciais desta espécie de direito: meio ambiente equilibrado[12]

autorizará a utilização de instrumentos processuais adequados, como o mandado de segurança ou a própria ação civil pública. – O Ministério Público tem legitimidade ativa para a defesa, em juízo, dosdireitos e interesses individuais homogêneos, quando impregnados de relevante natureza social, como sucede com o direito de petição e o direito de obtenção de certidão em repartições públicas. Doutrina. Precedentes." (www.stf.jus.br).

[12] STF, ADI 1856, Rel. Min. Celso de Mello, Tribunal Pleno: AÇÃO DIRETA DE INCONSTITUCIONALIDADE – BRIGA DE GALOS (LEI FLUMINENSE Nº 2.895/98) – LEGISLAÇÃO ESTADUAL QUE, PERTINENTE A EXPOSIÇÕES E A COMPETIÇÕES ENTRE AVES DAS RAÇAS COMBATENTES, FAVORECE ESSA PRÁTICA CRIMINOSA – DIPLOMA LEGISLATIVO QUE ESTIMULA O COMETIMENTO DE ATOS DE CRUELDADE CONTRA GALOS DE BRIGA – CRIME AMBIENTAL (LEI Nº 9.605/98, ART. 32) – MEIO AMBIENTE - DIREITO À PRESERVAÇÃO DE SUA INTEGRIDADE (CF, ART. 225) – PRERROGATIVA QUALIFICADA POR SEU CARÁTER DE METAINDIVIDUALIDADE - DIREITO DE TERCEIRA GERAÇÃO (OU DE NOVÍSSIMA DIMENSÃO) QUE CONSAGRA O POSTULADO DA SOLIDARIEDADE – PROTEÇÃO CONSTITUCIONAL DA FAUNA (CF, ART. 225, § 1º, VII) – DESCARACTERIZAÇÃO DA BRIGA DE GALO COMO MANIFESTAÇÃO CULTURAL – RECONHECIMENTO DA INCONSTITUIONALIDADE DA LEI ESTADUAL IMPUGNADA – AÇÃO DIRETA

e sua proteção judicial;[13] liberdade de expressão jornalística;[14] segurança pública.[15]

PROCEDENTE. LEGISLAÇÃO ESTADUAL QUE AUTORIZA A REALIZAÇÃO DE EXPOSIÇÕES E COMPETIÇÕES ENTRE AVES DAS RAÇAS COMBATENTES – NORMA QUE INSTITUCIONALIZA A PRÁTICA DE CRUELDADE CONTRA A FAUNA – INCONSTITUCIONALIDADE. – A promoção de briga de galos, além de caracterizar prática criminosa tipificada na legislação ambiental, configura conduta atentatória à Constituição da República, que veda a submissão de animais a atos de crueldade, cuja natureza perversa, à semelhança da "farra do boi" (RE 153.531/SC), não permite sejam eles qualificados como inocente manifestação cultural, de caráter meramente folclórico. Precedentes. – A proteção jurídico-constitucional dispensada à fauna abrange tanto os animais silvestres quanto os domésticos ou domesticados, nesta classe incluídos os galos utilizados em rinhas, pois o texto da Lei Fundamental vedou, em cláusula genérica, qualquer forma de submissão de animais a atos de crueldade. – Essa especial tutela, que tem por fundamento legitimador a autoridade da Constituição da República, é motivada pela necessidade de impedir a ocorrência de situações de risco que ameacem ou que façam periclitar todas as formas de vida, não só a do gênero humano, mas, também, a própria vida animal, cuja integridade restaria comprometida, não fora a vedação constitucional, por práticas aviltantes, perversas e violentas contra os seres irracionais, como os galos de briga ("gallus-gallus"). Magistério da doutrina. ALEGAÇÃO DE INÉPCIA DA PETIÇÃO INICIAL. – Não se revela inepta a petição inicial, que, ao impugnar a validade constitucional de lei estadual, (a) indica, de forma adequada, a norma de parâmetro, cuja autoridade teria sido desrespeitada, (b) estabelece, de maneira clara, a relação de antagonismo entre essa legislação de menor positividade jurídica e o texto da Constituição da República, (c) fundamenta, de modo inteligível, as razões consubstanciadoras da pretensão de inconstitucionalidade deduzida pelo autor e (d) postula, com objetividade, o reconhecimento da procedência do pedido, com a conseqüente declaração de ilegitimidade constitucional da lei questionada em sede de controle normativo abstrato, delimitando, assim, o âmbito material do julgamento a ser proferido pelo Supremo Tribunal Federal. Precedentes." (www.stf.jus.br).

[13] STJ, AgRg no REsp 1150479, Rel. Min. Humberto Martins, Segunda Turma: "AÇÃO CIVIL PÚBLICA. REPARAÇÃO DE DANO AMBIENTAL. IMPRESCRITIBILIDADE. VIOLAÇÃO DO ART. 535 DO CPC. NÃO OCORRÊNCIA. DIVERGÊNCIA JURISPRUDENCIAL NÃO DEMONSTRADA. ANÁLISE DE MATÉRIA DE ORDEM PÚBLICA POR ESTA CORTE SEM PREQUESTIONAMENTO. IMPOSSIBILIDADE. PRECEDENTES. 3. O Tribunal a quo entendeu que: 'Não se pode aplicar entendimento adotado em ação de direitos patrimoniais em ação que visa à proteção do meio ambiente, cujos efeitos danosos se perpetuam no tempo, atingindo às gerações presentes e futuras'. Esta Corte tem entendimento no mesmo sentido, de que, tratando-se de direito difuso – proteção ao meio ambiente –, a ação de reparação é imprescritível." (www.stj.jus.br).

[14] STF, RE 511961, Rel. Min. Gilmar Mendes, Tribunal Pleno: "JORNALISMO. EXIGÊNCIA DE DIPLOMA DE CURSO SUPERIOR, REGISTRADO PELO MINISTÉRIO DA EDUCAÇÃO, PARA O EXERCÍCIO DA PROFISSÃO DE JORNALISTA. LIBERDADES DE PROFISSÃO, DE EXPRESSÃO E DE INFORMAÇÃO.

A estrutura dessa espécie de direito pode assumir a seguinte representação:

 T_n ⟺ D

Onde:
D: Direito que está sendo objeto de consideração
T*n*: número indeterminável de titulares do direito

III) **Direitos coletivos**: trata-se de terceira categoria que se situa entre os direitos individuais e os direitos difusos, na qual se percebe indeterminação relati-

---

CONSTITUIÇÃO DE 1988 (ART. 5º, IX E XIII, E ART. 220, *CAPUT* E § 1º). NÃO RECEPÇÃO DO ART. 4º, INCISO V, DO DECRETO-LEI Nº 972, DE 1969. 1. RECURSOS EXTRAORDINÁRIOS. ART. 102, III, "A", DA CONSTITUIÇÃO. REQUISITOS PROCESSUAIS INTRÍNSECOS E EXTRÍNSECOS DE ADMISSIBILIDADE. Os recursos extraordinários foram tempestivamente interpostos e a matéria constitucional que deles é objeto foi amplamente debatida nas instâncias inferiores. Recebidos nesta Corte antes do marco temporal de 3 de maio de 2007 (AI-QO nº 664.567/RS, Rel. Min. Sepúlveda Pertence), os recursos extraordinários não se submetem ao regime da repercussão geral. 2. LEGITIMIDADE ATIVA DO MINISTÉRIO PÚBLICO PARA PROPOSITURA DA AÇÃO CIVIL PÚBLICA. O Supremo Tribunal Federal possui sólida jurisprudência sobre o cabimento da ação civil pública para proteção de interesses difusos e coletivos e a respectiva legitimação do Ministério Público para utilizá-la, nos termos dos arts. 127, *caput*, e 129, III, da Constituição Federal. No caso, a ação civil pública foi proposta pelo Ministério Público com o objetivo de proteger não apenas os interesses individuais homogêneos dos profissionais do jornalismo que atuam sem diploma, mas também os direitos fundamentais de toda a sociedade (interesses difusos) à plena liberdade de expressão e de informação. 3. (...)". (www.stf.jus.br).

[15] STF, RE 559646 AgR, Rel. Min. Ellen Gracie, Segunda Turma: "SEGURANÇA PÚBLICA AGRAVO REGIMENTAL EM RECURSO EXTRAORDINÁRIO. IMPLEMENTAÇÃO DE POLÍTICAS PÚBLICAS. AÇÃO CIVIL PÚBLICA. PROSSEGUIMENTO DE JULGAMENTO. AUSÊNCIA DE INGERÊNCIA NO PODER DISCRICIONÁRIO DO PODER EXECUTIVO. ARTIGOS 2º, 6º E 144 DA CONSTITUIÇÃO FEDERAL. 1. O direito a segurança é prerrogativa constitucional indisponível, garantido mediante a implementação de políticas públicas, impondo ao Estado a obrigação de criar condições objetivas que possibilitem o efetivo acesso a tal serviço. 2. É possível ao Poder Judiciário determinar a implementação pelo Estado, quando inadimplente, de políticas públicasconstitucionalmente previstas, sem que haja ingerência em questão que envolve o poder discricionário do Poder Executivo. Precedentes. 3. Agravo regimental improvido." (www.stf.jus.br).

va entre o direito e seu titular individual, na medida em que, sendo direitos transindividuais, não possuem uma titularidade individual, mas se reportam a relação jurídica base que une diversos titulares. Ou seja, são os direitos de grupos sociais determinados e, nesta qualidade, somente podem ser exercidos coletivamente, sendo possível estabelecer relação entre o direito e o grupo a que pertence. Exemplos: grupo de profissionais que pertencem a certa ordem regulatória[16] e questões ligadas à base territorial de categorias profissionais.[17]

A estrutura dessa espécie de direito pode assumir a seguinte representação:

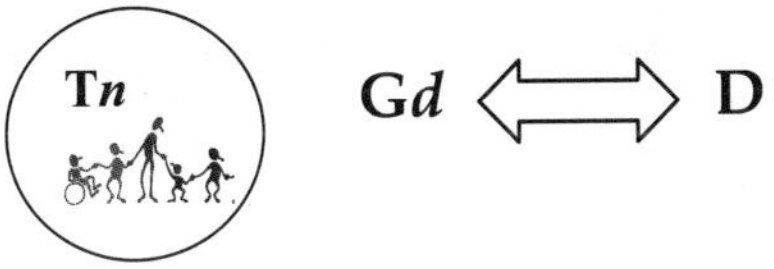

Onde:

D: Direito que está sendo objeto de consideração

G*d*: grupo determinável a que pertence o direito

T*n*: número indeterminável de titulares do direito

---

[16] STJ, RMs 12277, Rel. Min. Francisco Falcão, Primeira Turma: "PROCESSUAL CIVIL. RECURSO ORDINÁRIO EM MS. LEI Nº 8.906/94. INSTALAÇÃO DE SALAS DE ADVOGADOS. DIREITO COLETIVO. ILEGITIMIDADE DE ADVOGADO. – Efetivamente, a direção do § 4º, do art. 7º, da Lei nº 8.906/94, aponta para a coletividade dos advogados, representados pela Ordem dos Advogados do Brasil. – Ao advogado falta legitimidade para requerer, por todos os demais colegas, a instalação de sala no Tribunal de Justiça, destinada à classe." (www.stj.jus.br).

[17] STF, AI 776292 AgR, Rel. Min. Joaquim Barbosa, Segunda Turma: "DIREITO COLETIVO DO TRABALHO. SINDICATO. DESMEMBRAMENTO LEGITIMADO PELO TRIBUNAL SUPERIOR DO TRABALHO. POSSIBILIDADE. REEXAME DE FATOS E PROVAS NA ESFERA EXTRAORDINÁRIA. INVIABILIDADE. SÚMULA 279/STF. ALEGAÇÃO DE QUE A CATEGORIA PROFISSIONAL, PORQUE DIFERENCIADA, NÃO PODERIA SOFRER DESMEMBRAMENTO. AUSÊNCIA DE PREQUESTIONAMENTO. SÚMULAS 282 E 356 DO STF. Cabe o desmembramento, em respeito à liberdade de associação sindical (art. 8º, *caput*), sempre que, entre os representados, haja categorias profissionais diversas, mesmo quando similares ou afins. Agravo regimental a que se nega provimento." (www.stf.jus.br)

Didaticamente, teremos o seguinte quadro classificatório, proposto por Teori Zavascki:[18]

DIREITOS	DIFUSOS	COLETIVOS	INDIVIDUAIS
1) Sob o aspecto subjetivo, são:	Transindividuais, com indeterminação absoluta dos titulares (= não têm titular individual, e a ligação entre os vários titulares difusos decorre de mera circunstância de fato. Exemplo: morar na mesma região).	Transindividuais, com determinação relativa dos titulares (= não têm titular individual, e a ligação entre os vários titulares coletivos decorre de uma relação jurídica base. Exemplo: o Estatuto da OAB).	Individuais (= há perfeita identificação do sujeito, assim como da relação dele com o objeto do seu direito).
2) Sob o aspecto objetivo, são:	Indivisíveis (= não podem ser satisfeitos nem lesados senão em forma que afete a todos os possíveis titulares).	Indivisíveis (= não podem ser satisfeitos nem lesados senão em forma que afete a todos os possíveis titulares).	Divisíveis. (= podem ser satisfeitos ou lesados em forma diferenciada e individualizada, satisfazendo ou lesando um ou alguns titulares sem afetar os demais).
3) Em decorrência de sua natureza, são:	Insuscetíveis de apropriação individual.	Insuscetíveis de apropriação individual.	Individuais e divisíveis, fazendo parte do patrimônio individual do seu titular.

1.2. Direitos fundamentais de primeira geração

Os direitos fundamentais nascem com marcada noção individualista,[19] e a liberdade individual mostra-se elemento essencial do próprio sistema constitucional, trabalhando como sua *forze motrici*.[20] Para Berti,[21] o direito constitucional

[18] ZAVASCKI, Teori. *Processo coletivo. Tutela de direitos coletivos e tutela coletiva de direitos*. São Paulo: RT, 5ª ed., 2011, p. 37.

[19] PÉREZ LUÑO, Antonio-Enrique. *Las generaciones de derechos humanos*, p. 205.

[20] BARILE, Paolo. *Diritti dell'uomo e libertà fondamentali*. Bologna: Mulino, 1984, p. 14.

[21] BERTI, Giorgio. *Interpretazione constituzionale. Lezioni di diritto pubblico*. 4. ed. Padova: Cedam, 2001.

foi pensado preferencialmente como direito do poder público, no sentido de estabelecer limites à atuação do soberano, preservando círculos privados de intangibilidade.

Natural, portanto, que as primeiras concepções formais de direitos tivessem por objetivo a proteção do cidadão frente ao Estado absolutista (*Leviatã*, na concepção clássica de Hobbes), pois a liberdade afigura-se como pressuposto para o exercício de outras faculdades constitucionais. O reconhecimento da existência de direitos irrenunciáveis quando do *contrato social* fez nascer nova relação entre sociedade civil e poder público, estabelecendo clara separação entre estas duas importantes estruturas sociais.

Essencialmente, preservaram-se situações nas quais não se mostraria lícita a intromissão do Estado nas relações privadas, submetendo-se o soberano ao império da lei: o Estado somente pode intervir nos direitos dos cidadãos mediante prévia autorização da lei, a qual, fruto do parlamento, representa a autorização do conjunto dos cidadãos, a partir dos primados da democracia representativa.

Os fundamentos do Estado Absolutista começavam, lentamente, a desabar, principalmente diante das pretensões da emergente burguesia urbana, que buscava espaço para crescer economicamente. Com tais influências históricas e políticas, surgiram os direitos fundamentais de primeira geração. São os direitos da liberdade. Têm por titular o indivíduo e são oponíveis ao Estado. Trata-se de relação de exclusão, em que o Estado não pode interferir na situação jurídica do indivíduo.[22] Estes direitos, historicamente, caracterizam-se pela forte eficácia negativa, segundo a qual a pretensão maior do cidadão é a limitação dos poderes do Soberano (aí a ligação com o Estado de Direito). Um dos documentos históricos basilares dos direitos individuais é

[22] BARBERA, Augusto. *I principi constituzionali della libertà personale*. Varese: Milano, 1971, p. 37, para quem a inatividade estatal frente aos direitos dos cidadãos é marca essencial desta espécie de direitos.

a *Magna Carta Libertatum*, de 1215. A essas formas de direitos podem ser agregados importantes princípios constitucionais, quais sejam, divisão de poderes, legalidade, supremacia da lei (aqui entendida como manifestação primeira da vontade geral).[23] O Estado somente pode agir nos limites traçados pela lei. Vida, liberdade e propriedade são direitos doravante protegidos.

O Estado de Direito surge com sua dupla finalidade: a) submeter o poder à lei; b) criar um controle jurídico do poder. Para Nuno Piçarra, a Constituição do Estado de Direito vincula juridicamente todo o poder estatal, sendo que a ideia de controle jurídico se tornou o núcleo essencial do próprio princípio da separação dos Poderes.[24] Segundo Valadés, o Estado de Direito consiste na sujeição da atividade estatal à Constituição e às normas emanadas conforme os procedimentos que ela estabeleça e que garanta o funcionamento razoável e controlado dos órgãos do poder.[25] Sendo o controle inseparável do próprio conceito de Estado de Direito, Ochoa[26] cataloga duas espécies de controle do poder político: a) jurídico; b) político. O controle jurídico é aquele de caráter objetivo, que se efetua de acordo com razões jurídicas, de maneira necessária e por órgão independente e imparcial (que não busque satisfazer interesses próprios ao exercitar o controle). A imparcialidade decorre do fato de o controle jurídico ser delegado a órgãos que mantêm distância do objeto litigioso (terciaridade) – em regra, os tribunais. Os controles políticos, prossegue Ochoa, são de caráter subjetivo e de exercício voluntário (em contraposição a obrigatório).

---

[23] AMATO, Giuliano. BARBERA, Augusto (org.). *Manuale di diritto pubblico.* Vol. I. Bologna: il Mulino, 5. ed., 1997, p. 228.

[24] *A separação dos poderes como doutrina e princípio constitucional,* p. 258.

[25] *Problemas constitucionales del Estado de Derecho,* p. 7.

[26] *Mecanismos constitucionales para el control del poder politico,* p. 11.

À concepção de Estado de Direito,[27] conforme consta na Constituição brasileira, é inafastável a ideia-força de controle jurídico do poder, situação que se mostra reforçada pela adoção do princípio republicano de governo.[28] Quanto maior a concretização do Estado de Direito, menores os círculos de imunidades do poder estatal. Para Jorge Miranda, o princípio da constitucionalidade determina a prevalência da norma constitucional sobre outras normas ou decisões do poder, traduzindo, ao fim, a garantia de efetividade da Constituição como um todo.[29] Isso implica dizer que a totalidade dos atos do poder público encontra-se estritamente submetida à norma constitucional, sendo irrelevantes, nesse passo, eventuais características intrínsecas desses mesmos atos.[30]

De outro lado, sendo a Constituição moderna, a um só tempo, documento jurídico,[31] por traduzir comando de dever-ser, e documento político,[32] por encerrar a decisão política fundamental de determinada Nação, os seus institutos fundantes não podem deixar de refletir a complexidade e as contradições da própria sociedade na qual estão inseridos. A partir daí, inúmeros são os problemas práticos que surgem quando da aplicação de institutos que

---

[27] Sobre a evolução do Estado de Direito ao Estado Constitucional: ZAGREBELSKY, Gustavo. *El derecho dúctil.* 5. ed. Madri: Trotta, 2003, p. 21 e segs.; o constitucionalismo como novo paradigma dos direitos fundamentais: FERRAJOLI Luigi. *Diritti fondamentali – um dibattito teorico.* 2. ed. Roma: Laterza, 2002, p. 33 e segs.

[28] Adota-se, aqui, o irretocável posicionamento de JORGE MIRANDA, para quem a ideia de república na Constituição é a ideia de um "*regime democrático levado até às suas últimas consequências no tocante à limitação do poder dos governantes.*" (*Os princípios fundamentais da organização política em Portugal*, p. 105).

[29] *Manual,* Tomo VI, p. 46.

[30] Sobre a relação do princípio da legalidade com o estabelecimento de um controle judicial da administração pública, veja-se FERNANDEZ SEGADO, Francisco. *El sistema constitucional Español,* p. 705 e segs.

[31] KÄGI, Werner. *La constitución coo ordenaiento jurídico fundaental del estado.* Madri: Dykinson, 2005, p. 77 e segs.

[32] Sobre a relação que se estabelece entre o caráter jurídico e o caráter político, veja-se MORTATI, Constantino. *La constitución em sentido material.* Madri: Centro de Estudios Políticos y Constitucionales, 2000, p. 61 e segs.

foram concebidos para maximizar a democracia, situação que, para Roberto Bin,[33] conduz a grande paradoxo: as polêmicas surgidas com a questão da competência são de tamanha monta que chegam a questionar a viabilidade daquilo que o autor denomina de a última fortaleza do Estado Constitucional, qual seja, o princípio da separação dos poderes.[34]

Esta ideia de vinculação de todos os órgãos da soberania à Constituição é elemento central do *judicial review*, quando a Suprema Corte norte-americana, por obra do Juiz John Marshall, em 1803, no célebre caso Marbury *versus* Madison, assentou a possibilidade da revisão judicial de atos do Poder Legislativo: em virtude da supremacia e do caráter vinculante da Constituição, toda lei que a ofende é nula de pleno direito,[35] posição que somente foi recepcionada na Europa, a partir da obra de Hans Kelsen, em 1919.[36]

---

[33] *L'Ultima fortezza. Teoria della Costituzione e conflitti de attribuzione*, p. 2/5.

[34] As dificuldades práticas ligadas à questão das competências constitucionais é presente no constitucionalismo brasileiro contemporâneo, conforme pode ser percebido do embate institucional decorrente da concessão, pelo Supremo Tribunal Federal, de medida liminar em Mandado de Segurança, a qual suspendeu a tramitação do PLC 14/2013 (STF, MS 32.033, Rel. Min. Gilmar Mendes, proferida em 24 de abril de 2013 – www.stf.jus.br). Para As questões teóricas intrincadas ao controle constitucional SCHÄFER, Jairo. *O problema da fiscalização da constitucionalidade dos atos políticos em geral.* Interesse Público, nº 35, 2006, p. 79/97.

[35] A fundamentação do Juiz John Marshall pode ser encontrada em: <http://law2.umkc.edu/faculty/projects/ftrials/conlaw/marbury.HTML>. Para uma pesquisa mais específica, consultem-se quatro excepcionais trabalhos do Professor Catedrático da Faculdade de Direito da Universidade Complutense de Madrid, Francisco Fernández Segado, nos quais a temática é objeto de um estudo completo: 1. *La obsolescencia de la bipolaridad tradicional (modelo americano-modelo europeu-kelseniano) de los sistemas de justicia constitucional.* Revista de Direito Público, nº 2, out/dez 2003, p. 55/82; 2. *La sentencia Marbury v. Madison.* Revista de Las Cortes Generales, nº 83, 2011, p. 09/133; 3. *La judicial review em la pre-Marschall Court.* Teoria y Realidad Constitucional. nº 28, 2011, p. 133/177; 4. *El trasfondo politico y juridico de la Marbury v. Madison decision.* Anuario Iberoamericano de justicia constitucional. nº 15, 2011, Centro de Estudios Politicos y Constitucionales. Madrid, p. 139/224.

[36] KELSEN, Hans. *Jurisdição Constitucional.* São Paulo: Martins Fontes, 2003, especialmente p. 119 e segs.

São elementos caracterizadores dos direitos fundamentais de primeira geração:

- Direito-chave: liberdade;
- Função do Estado: omissão;
- Eficácia vinculativa principal da norma: Estado;
- Espécie de direito tutelado: individual;
- Concepção política do Estado: liberal.

Podem ser mencionados como direitos característicos da primeira geração: vida, liberdade e patrimônio.[37]

---

[37] STF, ADI 3510/DF. Rel. Min. Ayres Britto, julamento em 29/05/2008, Tribunal Pleno: "(...) III – A PROTEÇÃO CONSTITUCIONAL DO DIREITO À VIDA E S DIREITOS INFRACONSTITUCIONAIS DO EMBRIÃO PRÉ-IMPLANTO. O Magno Texto Federal não dispõe sobre o início da vida humana ou o preciso instante em que ela começa. Não faz de todo e qualquer estádio da vida humana um autonomizado bem jurídico, mas da vida que já é própria de uma concreta pessoa, porque nativiva (teoria 'natalista', em contraposição às teorias 'concepcionista' ou da 'personalidade condicional'). E quando se reporta a 'direitos da pessoa humana' e até dos "direitos e garantias individuais" como cláusula pétrea está falando de direitos e garantias do indivíduo-pessoa, que se faz destinatário dos direitos fundamentais 'à vida, à liberdade, à igualdade, à segurança e à propriedade', entre outros direitos e garantias igualmente distinguidos com o timbre da fundamentalidade (como direito à saúde e ao planejamento familiar). Mutismo constitucional hermeneuticamente significante de transpasse de poder normativo para a legislação ordinária. A potencialidade de algo para se tornar pessoa humana já é meritória o bastante para acobertá-la, infraconstitucionalmente, contra tentativas levianas ou frívolas de obstar sua natural continuidade fisiológica. Mas as três realidades não se confundem: o embrião é o embrião, o feto é o feto e a pessoa humana é a pessoa humana. Donde não existir pessoa humana embrionária, mas embrião de pessoa humana. O embrião referido na Lei de Biossegurança (*in vitro* apenas) não é uma vida a caminho de outra vida virginalmente nova, porquanto lhe faltam possibilidades de ganhar as primeiras terminações nervosas, sem as quais o ser humano não tem factibilidade como projeto de vida autônoma e irrepetível. O Direito infraconstitucional protege por modo variado cada etapa do desenvolvimento biológico do ser humano. Os momentos da vida humana anteriores ao nascimento devem ser objeto de proteção pelo direito comum. O embrião pré-implanto é um bem a ser protegido, mas não uma pessoa no sentido biográfico a que se refere a Constituição. IV – AS PESQUISAS COM CÉLULAS-TRONCO NÃO CARACTERIZAM ABORTO. MATÉRIA ESTRANHA À PRESENTE AÇÃO DIRETA DE INCONSTITUCIONALIDADE. É constitucional a proposição de que toda gestação humana principia com um embrião igualmente humano, claro, mas nem todo embrião humano desencadeia uma gestação igualmente humana, em se tratando de experimento *in vitro*. Situação em que deixam de coincidir concepção e nascituro, pelo menos enquanto o ovócito (óvulo já fecundado) não for introduzido no colo do útero

Deve ser traçada uma nota final, no que se refere à vinculação jurídica dos direitos fundamentais de primeira geração. A afirmação de que esta espécie de direito vincula o Estado deve ser adequadamente compreendida, pois não se nega, modernamente, a eficácia horizontal dos direitos

---

feminino. O modo de irromper em laboratório e permanecer confinado *in vitro* é, para o embrião, insuscetível de progressão reprodutiva. Isto sem prejuízo do reconhecimento de que o zigoto assim extra-corporalmente produzido e também extra-corporalmente cultivado e armazenado é entidade embrionária do ser humano. Não, porém, ser humano em estado de embrião. A Lei de Biossegurança não veicula autorização para extirpar do corpo feminino esse ou aquele embrião. Eliminar ou desentranhar esse ou aquele zigoto a caminho do endométrio, ou nele já fixado. Não se cuida de interromper gravidez humana, pois dela aqui não se pode cogitar. A 'controvérsia constitucional em exame não guarda qualquer vinculação com o problema do aborto'. (Ministro Celso de Mello). V – OS DIREITOS FUNDAMENTAIS À AUTONOMIA DA VONTADE, AO PLANEJAMENTO FAMILIAR E À MATERNIDADE. A decisão por uma descendência ou filiação exprime um tipo de autonomia de vontade individual que a própria Constituição rotula como 'direito ao planejamento familiar', fundamentado este nos princípios igualmente constitucionais da 'dignidade da pessoa humana' e da 'paternidade responsável'. A conjugação constitucional da laicidade do Estado e do primado da autonomia da vontade privada, nas palavras do Ministro Joaquim Barbosa. A opção do casal por um processo *in vitro* de fecundação artificial de óvulos é implícito direito de idêntica matriz constitucional, sem acarretar para esse casal o dever jurídico do aproveitamento reprodutivo de todos os embriões eventualmente formados e que se revelem geneticamente viáveis. O princípio fundamental da dignidade da pessoa humana opera por modo binário, o que propicia a base constitucional para um casal de adultos recorrer a técnicas de reprodução assistida que incluam a fertilização artificial ou *in vitro*. De uma parte, para aquinhoar o casal com o direito público subjetivo à "liberdade" (preâmbulo da Constituição e seu art. 5º), aqui entendida como autonomia de vontade. De outra banda, para contemplar os porvindouros componentes da unidade familiar, se por eles optar o casal, com planejadas condições de bem-estar e assistência físico-afetiva (art. 226 da CF). Mais exatamente, planejamento familiar que, 'fruto da livre decisão do casal', é 'fundado nos princípios da dignidade da pessoa humana e da paternidade responsável' (§ 7º desse emblemático artigo constitucional de nº 226). O recurso a processos de fertilização artificial não implica o dever da tentativa de nidação no corpo da mulher de todos os óvulos afinal fecundados. Não existe tal dever (inciso II do art. 5º da CF), porque incompatível com o próprio instituto do 'planejamento familiar' na citada perspectiva da 'paternidade responsável'. Imposição, além do mais, que implicaria tratar o gênero feminino por modo desumano ou degradante, em contrapasso ao direito fundamental que se lê no inciso II do art. 5º da Constituição. Para que ao embrião *in vitro* fosse reconhecido o pleno direito à vida, necessário seria reconhecer a ele o direito a um útero. Proposição não autorizada pela Constituição. (...)" (www.stf.jus.br).

fundamentais.[38] As polêmicas doutrinárias entre as teorias mediata[39] e imediata[40] não fazem mais sentido, pois, conforme ensinamento de Jorge Miranda,[41] não é possível ter uma dupla ética no que se refere aos direitos fundamentais: não basta limitar o poder político, sendo necessário o respeito das liberdades de cada pessoa pelas demais pessoas.

Os problemas interpretativos que acampanham a teoria da eficácia horizontal dos direitos fundamentais mostram-se mais relevantes nas denominadas relações jurídicas entre iguais (o princípio da igualdade aplica-se em sua integralidade nessa espécie de relação jurídica?). Mas também aí não se cogita na criação de espaço de não aplicação dos direitos fundamentais: há, em verdade, a incidência de diversos princípios constitucionais, entre os quais o da autonomia das vontades privadas, o qual convive harmonicamente com os demais princípios constitucionais, sendo necessária a ponderação concreta entre todos os princípios constitucionais em jogo, considerando-se as circunstâncias jurídicas, sociais e econômicas. Dessa ponderação é que se

---

[38] Sobre o tema, veja-se: BILBAO UBILLOS, Juan María. *La eficacia de los derechos fundamentales frente a particulares. Análisis de la jurisprudencia del Tribunal Constitucional.* Madrid: Centro de Estudios Políticos y Constitucionales, 1997; LIMA, Jairo Néia. *Direito fundamental à inclusão social – eficácia prestacional nas relações privadas.* Curitiba: Juruá, 2012; CANARIS, Claus-Wilhelm. *Direitos fundamentais e direito privado.* Coimbra: Almedina, 2003; NARANJO DE LA CRUZ, Rafael. *Los limites de los derechos fundamentales em las relaciones entre particulares: la buena fe.* Madri: Centro de Estudios Politicos y Constitucionales, 2000; DURIG, Gunter; NIPPERDEY, Hans Carl; SCHWABE, Jurgen. *Direitos fundamentais e direito privado.* Porto Alegre: Sergio Antonio Fabris, 2012.

[39] Os direitos fundamentais têm por destino o Estado, somente vinculando os particulares quando houver uma mediação legal infraconstitucional. Ou seja: *relevância indireta* ou *aplicabilidade mediata* dos direitos fundamentais nesta área, *mediante* a regulação legislativa do direito privado (posições dualistas).

[40] A eficácia horizontal dos direitos fundamentais vincula diretamente tanto o Estado quanto o particular, independentemente de qualquer regulamentação legal infraconstitucional. Ou seja: *aplicabilidade imediata* dos preceitos constitucionais relativos aos direitos fundamentais nas relações entre sujeitos privados (posições monistas).

[41] MIRANDA, Jorge. *Manual de Direito Constitucional.* Tomo IV. 3. ed. Coimbra: Coimbra, 2000, p. 325.

poderá extrair a extensão da aplicação, no caso concreto, da eficácia vinculante dos direitos fundamentais, preservando-se o conjunto sistêmico constitucional.

Na jurisprudência do STF podem ser encontrados exemplos de aplicação da eficácia horizontal dos direitos fundamentais: RE 20181-9; RE 40768-8; RE 158215-4; RE 161243-6; RE 201.8198;[42] RE 407688-8.

[42] Este precedente, provalmente um dos mais importantes relativos ao tema, encontra-se assim ementado: "SOCIEDADE CIVIL SEM FINS LUCRATIVOS. UNIÃO BRASILEIRA DE COMPOSITORES. EXCLUSÃO DE SÓCIO SEM GARANTIA DA AMPLA DEFESA E DO CONTRADITÓRIO. EFICÁCIA DOS DIREITOS FUNDAMENTAIS NAS RELAÇÕES PRIVADAS. RECURSO DESPROVIDO. I. EFICÁCIA DOS DIREITOS FUNDAMENTAIS NAS RELAÇÕES PRIVADAS. As violações a direitos fundamentais não ocorrem somente no âmbito das relações entre o cidadão e o Estado, mas igualmente nas relações travadas entre pessoas físicas e jurídicas de direito privado. Assim, os direitos fundamentais assegurados pela Constituição vinculam diretamente não apenas os poderes públicos, estando direcionados também à proteção dos particulares em face dos poderes privados. II. OS PRINCÍPIOS CONSTITUCIONAIS COMO LIMITES À AUTONOMIA PRIVADA DAS ASSOCIAÇÕES. A ordem jurídico-constitucional brasileira não conferiu a qualquer associação civil a possibilidade de agir à revelia dos princípios inscritos nas leis e, em especial, dos postulados que têm por fundamento direto o próprio texto da Constituição da República, notadamente em tema de proteção às liberdades e garantias fundamentais. O espaço de autonomia privada garantido pela Constituição às associações não está imune à incidência dos princípios constitucionais que asseguram o respeito aos direitos fundamentais de seus associados. A autonomia privada, que encontra claras limitações de ordem jurídica, não pode ser exercida em detrimento ou com desrespeito aos direitos e garantias de terceiros, especialmente aqueles positivados em sede constitucional, pois a autonomia da vontade não confere aos particulares, no domínio de sua incidência e atuação, o poder de transgredir ou de ignorar as restrições postas e definidas pela própria Constituição, cuja eficácia e força normativa também se impõem, aos particulares, no âmbito de suas relações privadas, em tema de liberdades fundamentais. III. SOCIEDADE CIVIL SEM FINS LUCRATIVOS. ENTIDADE QUE INTEGRA ESPAÇO PÚBLICO, AINDA QUE NÃO-ESTATAL. ATIVIDADE DE CARÁTER PÚBLICO. EXCLUSÃO DE SÓCIO SEM GARANTIA DO DEVIDO PROCESSO LEGAL.APLICAÇÃO DIRETA DOS DIREITOS FUNDAMENTAIS À AMPLA DEFESA E AO CONTRADITÓRIO. As associações privadas que exercem função predominante em determinado âmbito econômico e/ou social, mantendo seus associados em relações de dependência econômica e/ou social, integram o que se pode denominar de espaço público, ainda que não-estatal. A União Brasileira de Compositores – UBC, sociedade civil sem fins lucrativos, integra a estrutura do ECAD e, portanto, assume posição privilegiada para determinar a extensão do gozo e fruição dos direitos autorais de seus associados. A exclusão de sócio do quadro social da UBC, sem qualquer garantia de ampla defesa, do contraditório, ou do devido

A questão, na verdade, é de ponderação concreta entre os diversos direitos, tendo-se por objetivo a preservação dos respectivos núcleos essenciais, sendo aplicáveis as regras que regulam as restrições e colisões de direitos fundamentais.

Ao se falar em estrutura restritiva dos direitos fundamentais, considera-se a existência de dois fenômenos diversos: a) *restrições não expressamente autorizadas pela Constituição*, que decorrem da convivência dos direitos e que, portanto, não se encontram escritas na Constituição, mas resultam da interpretação sistêmica do ordenamento jurídico; b) *restrições expressas na Constituição*, englobando as *restrições diretamente constitucionais* (restrições previstas pela própria Constituição)[43] e as *restrições indiretamente constitucionais*, aquelas efetuadas pela legislação ordinária, com expressa autorização da Constituição.[44]

---

processo constitucional, onera consideravelmente o recorrido, o qual fica impossibilitado de perceber os direitos autorais relativos à execução de suas obras. A vedação das garantias constitucionais do devido processo legal acaba por restringir a própria liberdade de exercício profissional do sócio. O caráter público da atividade exercida pela sociedade e a dependência do vínculo associativo para o exercício profissional de seus sócios legitimam, no caso concreto, a aplicação direta dos direitos fundamentais concernentes ao devido processo legal, ao contraditório e à ampla defesa (art. 5º, LIV e LV, CF/88)." (Redator para o acórdão Ministro Gilmar Mendes, Segunda Turma, julgado em 11/10/2005 – www.stf.jus.br).

[43] Exemplos: a) Liberdade de expressão: a liberdade de manifestação do pensamento é princípio consagrado no artigo 5º, inciso IV, acompanhado de uma restrição pelo próprio texto concessivo, qual seja, "vedado o anonimato"; b) Inviolabilidade de domicílio: a casa é asilo inviolável do indivíduo, ninguém nela podendo ingressar sem autorização do morador, exterioriza o direito fundamental declarado, sendo que em seguida a própria norma constitucional consigna restrições a esse direito: na casa do indivíduo é possível ingressar, *mesmo sem autorização do morador*, em caso de flagrante delito ou desastre, ou para prestar socorro; c) Liberdade de associação: a Constituição prevê o princípio da liberdade de associação, de modo pleno, com duas restrições, quais sejam: 1. O direito não pode ser exercido quando os objetivos da associação são ilícitos (associação criminosa, por exemplo, tipificada como crime no artigo 288 do Código Penal); 2. Vedação expressa da associação com caráter paramilitar (art. 5º, inciso XVII).

[44] E assim o faz valendo-se de expressões como *nos termos da lei* (a exemplo do art. 5º, VII e XLV), *na forma da lei* (como no art. 5º, VI), *salvo nas hipóteses prevista em lei* (art. 5º, LVII). Exemplo clássico de reserva legal qualificada é a prevista no

A jurisprudência do Tribunal Constitucional espanhol construiu doutrina segura sobre o tema:[45] Os direitos fundamentais, ao estabelecerem relação de amizade e confiança, fixam limites recíprocos, que devem ser ponderados no interior do conceito de *estado de direito*, em sua acepção material, daí decorrendo a inexistência de um direito fundamental absoluto. Num conceito material, Estado de Direito, segundo Ferrajoli,[46] designa somente os ordenamentos nos quais o poder público é submetido substancialmente à lei, vale dizer, não somente quanto à forma, mas também quanto ao conteúdo, o que corresponde às democracias modernas, nas quais a totalidade do poder é vinculado ao respeito dos princípios basilares estabelecidos pela Norma Constitucional, como a divisão dos poderes e os direitos fundamentais.

A ponderação, como técnica adequada de superação de conflitos entre normas jurídicas, deve presidir a aplicação das normas constitucionais, tendo-se por objetivo a obtenção de concordância prática entre os vários bens e direitos protegidos jurídico-constitucionalmente, independentemente de serem veiculados mediante princípios ou regras. A ideia de ponderação surge sempre que houver a necessidade de escolher-se o direito adequado à solução de situação conflituosa entre bens constitucionalmente protegidos: os direitos fundamentais, em virtude da carac-

---

inciso XIII do art. 5º. Este preceito consagra o direito fundamental à liberdade de exercício de qualquer trabalho, ofício ou profissão, porém o submete ao atendimento das *qualificações profissionais que a lei estabelecer*. Para aprofundamento da questão relativa às restrições aos direitos fundamentais, importante contribuição pode ser encontrada na obra de Joaquin Brage Camazano, *Los limites de los derechos fundamentales*, na qual é possível encontrar uma sistematização bastante completa sobre tema, com especiais referências ao direito constitucional alemão e ao direito constitucional espanhol.

[45] Consultem-se, dentre outras, as seguintes decisões: STC 42/2000, de 14 de fevereiro de 2000; STC 99/2002, de 6 de maio de 2002; STC 195/2003, de 27 de outubro de 2003; STC 57/1994, de 28 de fevereiro; STC 58/1998, de 16 de março (www.tribunalconstitucional.es).

[46] *Lo Stato de diritto fra passato e futuro*, p. 349. In: *Lo Stato di diritto*.

terística preponderante de interligação sistêmica, não raras vezes, entram em rota de colisão inevitável, percebendo-se que a fruição de certa posição jurídica acaba por invadir outra posição jurídica ou influenciar, negativa ou positivamente, a carga de eficácia de direitos individuais e/ou coletivos. Nesses casos, compete ao intérprete obter a concordância prática entre os vários direitos, buscando atingir um fim constitucionalmente útil.

A Suprema Corte brasileira, em importante decisão,[47] enfrentou a delicada questão do conflito entre direitos constitucionais, decidindo ser a ponderação concreta entre os bens constitucionalmente protegidos meio adequado à superação da antinomia. Cuidava-se de rumoroso processo de extradição de nacional mexicana, que engravidou na carceragem da Polícia Federal brasileira enquanto aguardava o julgamento de seu processo de extradição. Segundo versão apresentada pela extraditanda, a gravidez teria sido fruto de violência sexual praticada por agentes policiais responsáveis por sua guarda. Por ordem judicial, quando do nascimento da criança, a Polícia Federal apreendeu parte da placenta da mãe, com o objetivo de efetuar exames de DNA para elucidar a paternidade da criança. Não se conformando com esta medida, ingressou a extraditanda com recurso ao Supremo Tribunal Federal, argumentando prevalência do direito à intimidade.

No julgamento, o Tribunal efetuou a ponderação dos valores constitucionais contrapostos, quais sejam, o direito à intimidade e à vida privada da extraditanda, e o direito à honra e à imagem dos servidores e da Polícia Federal como instituição, afirmando a prevalência do esclarecimento da verdade quanto à participação dos policiais federais na alegada violência sexual.

Esta decisão paradigmática da jurisprudência constitucional brasileira manejou adequadamente o caráter prin-

[47] RCL 2.040-DF, Rel. Min. Néri da Silveira, julgado em 21.2.2002.

cipiológico dos direitos fundamentais. Assentou, primeiro, a) que os conflitos entre direitos fundamentais devem ser resolvidos no campo do peso, no caso concreto. Isso significa adotar visão sistemática da Constituição. Em segundo lugar, b) utilizou a ponderação como método de superação de antinomias constitucionais, fazendo prevalecer, no caso em julgamento, o direito que, sopesadas as circunstâncias elementares, melhor resolveu a questão constitucional. Com isso, atribui-se solução racionalmente justificada, sem sacrificar-se o direito fundamental preterido, o qual, permanecendo no sistema jurídico, poderá ser utilizado para o enfrentamento (solução) de futuras querelas constitucionais.

Importa ressaltar que a solução de conflito entre normas constitucionais, adotando-se a técnica da ponderação dos valores, implica solução presidida pelas circunstâncias do caso concreto (*prevalência condicionada*[48]), não se podendo, em consequência, estabelecer hierarquia abstrata entre os diversos direitos constitucionalmente elencados, a qual, se aceita, conduziria à absolutização de alguns direitos em detrimento de outros. Um princípio que teve sua prevalência determinada em um caso julgado pode ceder esta posição frente a outras circunstâncias, em outro processo.[49]

---

[48] A questão da prevalência condicionada na solução de conflitos entre princípios constitucionais e as conformações teóricas da proporcionalidade encontram-se substancialmente enfrentadas no voto do Relator para o Acórdão Ministro Gilmar Mendes, proferido na IF n. 164/São Paulo, a qual trata pedido de intervenção no Estado de São Paulo em virtude do não pagamento de precatórios, cuja leitura mostra-se imprescindível aos estudiosos da temática. A decisão encontra-se assim ementada: "INTERVENÇÃO FEDERAL. 2. Precatórios judiciais. 3. Não configuração de atuação dolosa e deliberada do Estado de São Paulo com finalidade de não pagamento. 4. Estado sujeito a quadro de múltiplas obrigações de idêntica hierarquia. Necessidade de garantir eficácia a outras normas constitucionais, como, por exemplo, a continuidade de prestação de serviços públicos. 5. A intervenção, como medida extrema, deve atender à máxima da proporcionalidade. 6. Adoção da chamada relação de precedência condicionada entre princípios constitucionais concorrentes. 7. Pedido de intervenção indeferido" (www.stf.jus.br).

[49] Veja-se que os conflitos entre direitos constitucionais são frequentes na sociedade moderna. Como exemplo que se encontra na comunicação social, pode ser citada a questão do sigilo da investigação policial, que se contrapõe, no caso concreto, aos direitos dos arguidos (ampla defesa). De modo semelhante, a questão

Conforme já assinalado,[50] o problema central que se coloca em se tratando de restrições indiretamente constitucioais é o de verificar como se estabelece o controle da conformidade constitucional da atividade estatal, precisamente quanto à extensão dessa restrição. Em outras palavras, a Constituição autoriza a restrição, mas não estabelece quais são os pressupostos de extensão dessa atividade infraconstitucional. Em tese, a possibilidade de conformação do direito pela legislação transita em um espaço que vai do zero a cem por cento. Porém, os dois extremos podem ser descartados à partida: o zero não faria sentido, porque sequer tocaria no direito; e o 100% atingiria o conteúdo essencial, possibilidade sabidamente vedada.[51]

---

da prisão preventiva, em conflito concreto com o direito à liberdade. A razoabilidade de tais medidas somente pode ser apurada no caso concreto, mediante a ponderação dos direitos litigiosos, ponderação esta que necessariamente é presidida pelas circunstâncias que somente podem ser as do fato. A solução destes (e outros) conflitos mediante a aplicação do critério do tudo ou nada (campo da validade) implicaria o aniquilamento total de alguns direitos frente a outros, o que não traduz solução democraticamente admissível.

[50] SCHÄFER, Jairo; CORDEIRO, Karine da Silva. Restrições a direitos fundamentais: considerações teóricas acerca de uma decisão do STF (ADPF 130). In: FEILLET, André Luiz Fernandes; PAULA, Daniel de; NOVELINO, Marcelo. *As novas faces do judicialismo*. Salvador: Jus Podivm, 2011. p. 625-642.

[51] Sobre o conceito de conteúdo essencial, consulte-se: CORDEIRO, Karine da Silva. *Direitos fundamentais sociais – dignidade da pessoa humana e mínimo existencial. O papel do Poder Judiciário*. Porto Alegre: do Advogado, 2012P. 111 e seguintes; TORRES, Ricardo Lobo. *O direito ao mínimo existencial*. Rio de Janeiro: Renovar, 2009, p. 84 e seguintes; SAMPAIO, Marcos. *O conteúdo essencial dos direitos sociais*. São Paulo: Saraiva, 2013; MARTINEZ-PUJALTE, Antonio Luis. *La garantia del contenido esencial de los derechos fundamentales*. Madri: Centro de Estúdios Constitucionales, 1997; VILLASENHOR GOYZUETA, Claudia Alejandra. *Contenido esencial de los derechos fundamentales y jurisprudência del tribunal constitucional espanol*. Madri: Universidad Complutense Facultad de Derecho, 2003; HÄBERLE, Peter. *La garantia del contenido esencial de los derechos fundamentales*. Madri: Dykinson, 2003; BIAGI, Claudia Perotto. *A garantia do conteúdo essencial dos direitos fundamentais na jurisprudência constitucional brasileira*. Porto Alegre: Sergio Antonio Fabris editor, 2005. A jurisprudência do STF igualmente tem manejado esta categoria jurídica: I) "HABEAS CORPUS. PENAL. PROCESSUAL PENAL. DENÚNCIA. INÉPCIA. TRANCAMENTO DA AÇÃO PENAL. *HABEAS CORPUS* SUBSTITUTIVO DE RECURSO ORDINÁRIO CONSTITUCIONAL. INADMISSIBILIDADE. VÍCIOS NA PEÇA ACUSATÓRIA. ORDEM CONCEDIDA, EX OFFICIO, PARA ANULAR PARCIALMENTE A DENÚNCIA, SEM PREJUÍZO DE QUE OUTRA SEJA

OFERECIDA COM OBSERVÂNCIA DO DISPOSTO NA LEGISLAÇÃO PROCESSUAL PENAL. (...) 5. O artigo 41 do Código de Processo Penal é de necessária observância, posto que a inépcia da denúncia baseada em descrição do fato delituoso, viola as garantias constitucionais do devido processo legal e do contraditório, integrantes do núcleo essencialdo due process of law. (...)" (HC 110015, Rel. Min. Luiz Fux, Primeira Turma - www.stf.jus.br); II) " (...) 8. A Lei Complementar nº 135/10 também não fere o núcleo essencial dos direitos políticos, na medida em que estabelece restrições temporárias aos direitos políticos passivos, sem prejuízo das situações políticas ativas." (ADC 29, Rel. Min. Luiz Fux, Tribunal Pleno – www. stf.jus.br); III) "DIREITO ADMINISTRATIVO. CARGO PÚBLICO EFETIVO. PROVIMENTO POR ESTRANGEIRO. ALEGAÇÃO DE INCONSTITUCIONALIDADE DO ART. 243, § 6º, DA LEI 8.112/90 EM FACE DOS ARTIGOS 5º E 37, I, DA CONSTITUIÇÃO. PERÍODO ANTERIOR À EMENDA 19/1998. IMPROCEDÊNCIA. Até o advento das Emendas 11/1996 e 19/1998, o núcleo essencial dos direitos atribuídos aos estrangeiros, embora certamente compreendesse as prerrogativas necessárias ao resguardo da dignidade humana, não abrangia um direito à ocupação de cargos públicos efetivos na estrutura administrativa brasileira, consoante a redação primitiva do artigo 37, inciso I, da Lei Maior. Portanto, o art. 243, § 6º, da Lei 8.112/90 estava em consonância com a Lei Maior e permanece em vigor até que surja o diploma exigido pelo novo art. 37, I, da Constituição." (RE 346180 AgR / RS, Rel. Min. Joaquim Barbosa, Segunda Turma – www.stf.jus.br); IV) " (...) 4. ÂMBITO DE PROTEÇÃO DA LIBERDADE DE EXERCÍCIO PROFISSIONAL (ART. 5º, INCISO XIII, DA CONSTITUIÇÃO). IDENTIFICAÇÃO DAS RESTRIÇÕES E CONFORMAÇÕES LEGAIS CONSTITUCIONALMENTE PERMITIDAS. RESERVA LEGAL QUALIFICADA. PROPORCIONALIDADE. A Constituição de 1988, ao assegurar a liberdade profissional (art. 5º, XIII), segue um modelo de reserva legal qualificada presente nas Constituições anteriores, as quais prescreviam à lei a definição das "condições de capacidade" como condicionantes para o exercício profissional. No âmbito do modelo de reserva legal qualificada presente na formulação do art. 5º, XIII, da Constituição de 1988, paira uma imanente questão constitucional quanto à razoabilidade e proporcionalidade das leis restritivas, especificamente, das leis que disciplinam as qualificações profissionais como condicionantes do livre exercício das profissões. Jurisprudência do Supremo Tribunal Federal: Representação n.° 930, Redator p/ o acórdão Ministro Rodrigues Alckmin, DJ, 2-9-1977. A reserva legal estabelecida pelo art. 5º, XIII, não confere ao legislador o poder de restringir o exercício da liberdade profissional a ponto de atingir o seu próprio núcleo essencial. (...)" (RE 511961/SP, Rel. Min. Gilmar Mendes, Tribunal Pleno – www. Stf.jus.br); V) "I. Ação direta de inconstitucionalidade: seu cabimento – sedimentado na jurisprudência do Tribunal – para questionar a compatibilidade de emenda constitucional com os limites formais ou materiais impostos pela Constituição ao poder constituinte derivado: precedentes. II. Previdência social (CF, art. 40, § 13, cf. EC 20/98): submissão dos ocupantes exclusivamente de cargos em comissão, assim como os de outro cargo temporário ou de emprego público ao regime geral da previdência social: argüição de inconstitucionalidade do preceito por tendente a abolir a "forma federativa do Estado" (CF, art. 60, § 4º, I): improcedência. 1. A "forma federativa de Estado" – elevado a princípio intangível por todas as Constituições da República – não pode ser conceituada a partir de um modelo ideal e apriorístico de Federação, mas, sim, daquele que o constituinte originário concretamente adotou e, como o adotou,

A doutrina constitucional costuma apontar que o controle é promovido pelo princípio da proporcionalidade[52] que, aqui, age como cláusula de proibição de excesso. De forma bastante singela, o legislador, ao utilizar essa prerrogativa de restrição do direito, está proibido de cometer excessos. Tal princípio não está previsto como norma escrita na Constituição brasileira, porém o STF reconhece a sua estatura constitucional como postulado autônomo,[53] bem como o utiliza, inclusive, como instrumento para solução de colisão entre direitos fundamentais, como regra de ponderação.[54]

O princípio da proporcionalidade,[55] em seu sentido amplo, quer significar a proibição do excesso:[56] restrições

---

erigiu em limite material imposto às futuras emendas à Constituição; de resto as limitações materiais ao poder constituinte de reforma, que o art. 60, § 4º, da Lei Fundamental enumera, não significam a intangibilidade literal da respectiva disciplina na Constituição originária, mas apenas a proteção do núcleo essencial dos princípios e institutos cuja preservação nelas se protege. (...)" (ADI 2024/DF, Rel. Min. Sepúlveda Pertence, Tribunal Pleno – www.stf.jus.br).

52 A doutrina debate sobre a natureza jurídica da proporcionalidade, não havendo um consenso sobre se tal instituto configura ou não um princípio. Para fins deste trabalho, segue-se a qualificação alemã, que entende a proporcionalidade como verdadeiro princípio. Evidentemente não é um princípio no sentido concebido por Robert Alexy, pois não será ponderado em face de outros princípios ou valores, e sim uma espécie de regra a ser utilizada para realização do próprio juízo de ponderação. Um resumo dos diversos entendimentos doutrinários a respeito é encontrado em PINHEIRO e SIQUEIRA (2006, p. 57-60) Vale conferir a concepção da ÁVILA (2009), para quem a proporcionalidade seria um *postulado normativo aplicativo*. Igualmente imprescindíel à compreensão da temática é a obra de BERNAL PULIDO, Carlos. *El princípio de proporcionalidad y los derechos fundamentales*. Madri: Centro de Estudios Políticos y Cosntitucionales, 2003. Veja-se a posição do Min. Eros Grau (STF, ADI n. 2591-1): "Como observei em outra oportunidade uma e outra, razoabilidade e proporcionalidade, são postulados normativos da interpretação/aplicação do direito – um novo nome dado aos velhos cânones da interpretação, que a nova hermenêutica despreza – e não princípios." (www.stf.jus.br).

53 Como na SS 1320 (DJ 14/04/1999)

54 A exemplo do HC 76060 (DJ 15/05/1998).

55 Na IF nº 3.601, o STF analisou, de forma sistemática, a aplicação do princípio da proporcionalidade (com os três subprincípios – "máximas da proporcionalidade"), vinculando-o ao controle da atividade restritiva do poder público aos direitos fundamentais e como método geral para a resolução de conflitos entre princípios

a direitos somente podem ser efetuadas em caso de absoluta necessidade para preservação de outras posições constitucionalmente protegidas. Ao restringir um direito fundamental, está obrigado o agente público a escolher a limitação que, atingindo o fim perseguido, imponha menor ofensa ao direito objeto da restrição.

A escolha de uma solução pelo agente público pode ser declarada abusiva na hipótese de existirem outras, menos gravosas, que igualmente possam atingir a finalidade pretendida. Primeiro, os meios utilizados à consecução de um fim devem ser adequados e suficientes ao que se visa concretizar (*adequação dos meios*), restando estabelecida uma relação de conformação medida-fim. Depois, a invasão regulatória na esfera de direitos deve, sempre, ser a menor possível, sendo legítima somente a intervenção quando esta for estritamente necessária à proteção de um direito (*necessidade*). Sempre que o poder público tiver várias possibilidades concretas para atingir uma finalidade, todas com mesma eficácia, deve optar, obrigatoriamente, por aquela que menos agrida o direito objeto da intervenção.

Por fim, necessário um juízo de ponderação, com o objetivo de avaliar se a intervenção produzida (direito objeto da restrição) é ou não proporcional em relação à finalidade atingida (direito protegido): pesar as desvantagens dos meios em relação às vantagens do fim buscado (*proporcionalidade em sentido estrito*).

No controle da atividade restritiva infraconstitucional, pois, sempre serão apresentados três aspectos para análise: a) um direito que é objeto de proteção; b) um di-

constitucionais, com ênfase à chamada relação de precedência condicionada entre princípios constitucionais concorrentes (Tribunal Pleno, Relator para o acórdão Ministro Gilmar Mendes, julgado em 08/05/2003, DJ de 22/08/2003).

[56] O princípio da proporcionalidade como "limite ao limite" no direito Alemão: PIEROTH, Bodo; SCHLINK, Bernhard. *Direitos fundamentais*. São Paulo: Saraiva, 2012, p. 138 e seguintes.

reito que é objeto de restrição; c) o meio que se utiliza para atingir determinada finalidade.[57]

Esta relação pode ser assim equematizada:

MEIO
(I – *adequação* e II – *necessidade*)

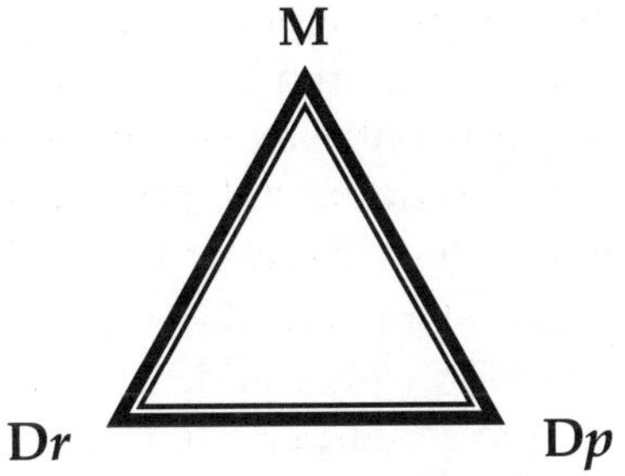

DIREITO RESTRINGIDO ⟺ DIREITO PROTEGIDO

Ponderação
(III – proporcionalidade em sentido estrito)

[57] Os parâmetros da adequação e necessidade, como subprincípios da proporcionalidade, foram enfrentados pelo STF no conhecido caso que envolveu a pesagem de botijão de gás determinada por lei estadual (ADI 855/Parana). Quando do julgamento da Medida Cautelar, tendo por Relator o Ministro Sepúlveda Pertence, o Tribunal, por maioria, suspensdeu cautelarmente a lei impugnada, em virtude da ofensa à proporcionalidade (julgamento em 01/07/1993). Quando do julgamento do mérito, o STF julgou procedente a ação, e dentre os fundamentos encontra-se a afronta ao princípio da proporcionalidade (subprincípios da adequação e necessidade). Julgamento em 06/3/2008. (www.stf.jus.br)

1.3. Direitos fundamentais de segunda geração

A expressão *direitos sociais*, segundo Baldassarre, não era de utilização comum no âmbito do discurso político e jurídico antes do advento do Estado Contemporâneo,[58] sendo que o reconhecimento dos direitos sociais resultou do processo histórico de formação e consolidação do Estado Social, fenômeno possível em virtude da superveniência de dois relevantes eventos da época contemporânea, quais sejam, a industrialização e a democratização do poder político.[59] Isso porque se, de um lado, a industrialização estimulou as diferenças entre as classes sociais, separando radicalmente trabalho de capital, por outro, a democracia permitiu o exercício de pressões políticas dialéticas.

A soma desses elementos deslocou a tradicional função do Estado, fazendo-o evoluir de uma função inerte para uma postura promocional perante o cidadão, sofrendo a matriz ideológica individualista, segundo Pérez Luño,[60] amplo processo de erosão e impugnação pelas lutas sociais do século XIX, movimentos estes que evidenciaram a necessidade de complementação do catálogo dos direitos e liberdades da primeira geração.

O advento do Estado Contemporâneo, este entendido como a formação política surgida na segunda década do século passado (em 1917, com a Constituição mexicana, e, em 1919, com a Constituição de Weimar), redefiniu radicalmente a relação entre Estado e cidadão. Para Wolfgang Böckenförde, a teoria dos direitos fundamentais do Estado Social pretende superar o desdobramento, presente no Estado Liberal, entre liberdade jurídica e liberdade real, uma vez que os direitos fundamentais não têm somente o

---

58 BALDASSARRE, Antonio. *Diritti della persona e valori constituzionali.* Torino: G. Giappichelli, 1997, p. 123.

59 BALDASSARRE, Antonio. op. cit., 1997, p. 129.

60 PÉREZ LUÑO, Antonio-Enrique. *Las generaciones de derechos humanos*, p. 205.

caráter delimitador-negativo, mas também devem facilitar pretensões de prestação social perante o Estado.[61]

A igualdade passa a ser o elemento qualificador[62] e essencial[63] da democracia e, acima de tudo, na sua acepção substancial, princípio de superação de obstáculos de ordem econômica e social.[64] O princípio da igualdade reclama a ideia de responsabilidade social e integrativa dos titulares de direitos, a partir de uma concepção proporcional, e sua aplicação torna-se um elemento para o equilíbrio das relações sociais e jurídicas, impedindo-se que as desigualdades, por não terem tratamento diferenciado e proporcional às especificidades, traduzam efetiva desigualdade nas relações jurídicas.

Nesse sentido, decidiu o Supremo Tribunal Federal brasileiro, quando do julgamento do Mandado de Injunção nº 58 (14 de dezembro de 1990, Relator Ministro Celso de Mello), assim ementado:

> O princípio da isonomia, que se reveste de autoaplicabilidade, não é – enquanto postulado fundamental de nossa ordem político-jurídica – suscetível de regulamentação ou de complementação normativa.
>
> Esse princípio – cuja observância vincula, incondicionalmente, todas as manifestações do Poder Público – deve ser considerado, em sua precípua função de obstar discriminações e de extinguir privilégios (RDA 55/114), sob duplo aspecto: (a) o da igualdade na lei e (b) o da igualdade perante a lei. A igualdade na lei – que opera numa fase de generalidade puramente

---

61 WOLFGANG BÖCKENFÖRDE, Ernst. *Escritos sobre Derechos Fundamentales.* Baden-Baden: Nomos Verl.-Ges, 1993, p. 64.

62 CARLASSARE, Lorenza. *Conversazioni sulla Constituzione.* 2. ed. Padova: Cedan, 2002, p. 83.

63 CUOCOLO, Fausto. *Istituzioni di diritto pubblico.* 6. ed. Milano: Dott. A. Giuffrè Editore, 1990, p. 651.

64 CARETTI, Paolo; DE SIERVO, Ugo. *Istituzioni di diritto pubblico.* 3. ed. Torino: G. Giappichelli Editore, 1998, p. 603.

abstrata – constitui exigência destinada ao legislador que, no processo de sua formação, nela não poderá incluir fatores de discriminação, responsáveis pela ruptura da ordem isonômica. A igualdade perante a lei, contudo, pressupondo lei já elaborada, traduz imposição destinada aos demais poderes estatais, que, na aplicação da norma legal, não poderão subordiná-la a critérios que ensejem tratamento seletivo ou discriminatório.

Ou seja, os destinatários dos direitos, a partir de uma acepção material, devem ser objeto de tratamento isonômico tendente ao balanceamento das situações fáticas, situação que deve ser considerada pelo legislador (primeiro agente político vinculado ao princípio da igualdade) e pelo aplicador da norma. San Tiago Dantas[65] sustenta que os direitos fundamentais se embasam no princípio da igualdade, o qual não nega as desigualdades na sociedade e na natureza, antes traduzindo esforço para balanceá-las, compensando o jogo das inferioridades e superioridades de modo que elas não favoreçam também desigual proteção jurídica; por isso, a igualdade não é tratamento jurídico uniforme, mas o tratamento proporcional e compensatório de seres vários e desiguais.[66]

---

[65] DANTAS, San Tiago *Igualdade perante a lei e "due process of law"*. Revista Forense, Rio de Janeiro: Forense, abril 1948, p. 30. Sobre o tema: CASADO FILHO, Napoleão. *Direitos humanos fundamentais*. São Paulo: Saraiva, 2012, p. 85 e seguintes.

[66] Sobre a igualdade material e a moderna, porém delicada, questão das políticas afirmativas (*affirmative actions*, do direito norte-americano), veja-se a obra de D'ALOIA, Antonio. *Eguaglianza sostanziale e diritto diseguale. Contributo allo studio delle azioni positive nella prospettiva constituzionale*. Padova: Cedam, 2002, especialmente na p. 221 e nas seguintes, nas quais o autor enfrenta a questão do aparente paradoxo representado pela prática de condutas desiguais para promover a igualdade. A função e conceituação do princípio da igualdade no direito brasileiro foi objeto de decisão do STF, em sessão do dia 15 de maio de 2013 (RE 630733 – julgado pelo sistema da repercussão geral), oportundiade em que o Plenário da Corte negou a candidato remarcação de prova física em concurso público (www.stf.jus.br).

O Tribunal Constitucional português, quando do julgamento da constitucionalidade do Decreto-Lei nº 310/82,[67] assentou o conceito material de igualdade constitucional, do qual decorre a possibilidade de a lei tratar desigualmente, desde que fundamentada na razoabilidade. Segundo a linha argumentativa utilizada no julgamento, o princípio da igualdade não reclama que todos sejam tratados, em quaisquer circunstâncias, de forma idêntica, mas que todos os que se encontrem em condições semelhantes sejam tratados semelhantemente. Nessas hipóteses, ainda segundo o acórdão, o controle judicial limita-se a averiguar a razoabilidade do tratamento desigual imposto pelo legislador, verificando motivos determinantes e fins que se objetivam atingir.

O conceito de igualdade adotado naquele acórdão é adequado, pois escolhe o critério material como único conceito de igualdade constitucional, superando clássica separação entre igualdade formal e igualdade material (*eguaglianza formale* e *eguaglianza sostanziale*, para o direito constitucional italiano), uma vez que o conceito de igualdade formal, por si só, mostra-se incapaz de fazer frente à complexidade das relações intersubjetivas modernas. Os primados da igualdade formal, como conquista histórica, são pressupostos pela igualdade material, o que se traduz na conhecida fórmula *"há que se tratar igual aos iguais e desigual aos desiguais"*, o que, em síntese, quer dizer que:[68] a) os iguais não devem ser tratados arbitrariamente de modo desigual; b) são proibidos tratamentos arbitrariamente desiguais.

Os direitos fundamentais de segunda geração são, pois, os direitos econômicos, sociais e culturais, nos quais o Estado assume indiscutível função promocional, satisfa-

[67] ACTC nº 44/84, publicado no Diário da República, II Série – nº 159 – 11.7.1984, p. 6156/6159, em 05/02/2003.

[68] ALEXY, Robert. *Teoría de los Derechos Fundamentales.* Madrid: Centro de Estudios Políticos e Constitucionales, 2002, p. 392.

zendo ativamente as pretensões dos cidadãos, tendo por objetivo concretizar os primados da igualdade material.[69] Na jurisprudência, colhem-se exemplos de direitos fundamentais de segunda geração: ensino infantil;[70] educação integral;[71] saúde;[72] segurança pública.[73]

[69] Sobre as consequências da crise do Estado Contemporâneo para o princípio da igualdade como valor constitucional, veja-se a obra FARIAS, Domenico. *Crisi dello stato, nuove disuguaglianze e marginalità*. Milano: Dott. A. Giuffrè editore, 1993, especialmente as páginas 35/59.

[70] STF, ARE 639337 AgR/SP, Rel. Min. Celso de Mello, Segunda Turma, julgamento em 23/8/2011: "Ementa: (...) – A educação infantil representa prerrogativa constitucional indisponível, que, deferida às crianças, a estas assegura, para efeito de seu desenvolvimento integral, e como primeira etapa do processo de educação básica, o atendimento em creche e o acesso à pré-escola (CF, art. 208, IV). – Essa prerrogativa jurídica, em conseqüência, impõe, ao Estado, por efeito da alta significação social de que se reveste a educação infantil, a obrigação constitucional de criar condições objetivas que possibilitem, de maneira concreta, em favor das 'crianças até 5 (cinco) anos de idade' (CF, art. 208, IV), o efetivo acesso e atendimento em creches e unidades de pré-escola, sob pena de configurar-se inaceitável omissão governamental, apta a frustrar, injustamente, por inércia, o integral adimplemento, pelo Poder Público, de prestação estatal que lhe impôs o próprio texto da Constituição Federal. – A educação infantil, por qualificar-se como direito fundamental de toda criança, não se expõe, em seu processo de concretização, a avaliações meramente discricionárias da Administração Pública nem se subordina a razões de puro pragmatismo governamental. – Os Municípios – que atuarão, prioritariamente, no ensino fundamental e na educação infantil (CF, art. 211, § 2º) – não poderão demitir-se do mandato constitucional, juridicamente vinculante, que lhes foi outorgado pelo art. 208, IV, da Lei Fundamental da República, e que representa fator de limitação da discricionariedade político-administrativa dos entes municipais, cujas opções, tratando-se do atendimento das crianças em creche (CF, art. 208, IV), não podem ser exercidas de modo a comprometer, com apoio em juízo de simples conveniência ou de mera oportunidade, a eficácia desse direito básico de índole social. – Embora inquestionável que resida, primariamente, nos Poderes Legislativo e Executivo, a prerrogativa de formular e executar políticas públicas, revela-se possível, no entanto, ao Poder Judiciário, ainda que em bases excepcionais, determinar, especialmente nas hipóteses de políticas públicas definidas pela própria Constituição, sejam estas implementadas, sempre que os órgãos estatais competentes, por descumprirem os encargos político-jurídicos que sobre eles incidem em caráter impositivo, vierem a comprometer, com a sua omissão, a eficácia e a integridade de direitos sociais e culturais impregnados de estatura constitucional." (www.stf.jus.br).

[71] STF, RE 603575 AgR/SC, Rel. Min. Eros Grau, Segunda Turma, julgamento em 20/4/2010: "Ementa. (...) 1. A educação é um direito fundamental e indisponível dos indivíduos. É dever do Estado propiciar meios que viabilizem o seu exercício. Dever a ele imposto pelo preceito veiculado pelo artigo 205 da Constituição do Brasil. A omissão da Administração importa afronta à Constituição.

2. O Supremo fixou entendimento no sentido de que "[a] educação infantil, por qualificar-se como direito fundamental de toda criança, não se expõe, em seu processo de concretização, a avaliações meramente discricionárias da Administração Pública, nem se subordina a razões de puro pragmatismo governamental[...]. Embora resida, primariamente, nos Poderes Legislativo e Executivo, a prerrogativa de formular e executar políticas públicas, revela-se possível, no entanto, ao Poder Judiciário determinar, ainda que em bases excepcionais, especialmente nas hipóteses de políticas públicas definidas pela própria Constituição, sejam essas implementadas pelos órgãos estatais inadimplentes, cuja omissão – por importar em descumprimento dos encargos políticos-jurídicos que sobre eles incidem em caráter mandatório – mostra-se apta a comprometer a eficácia e a integridade de direitos sociais impregnados de estatura constitucional". Precedentes. Agravo regimental a que se nega provimento." (www.stf.jus.br).

[72] ADI 3510/DF, Rel. Min. Ayres Britto, Tribunal Pleno, julgamento em 29/5/2008: "Ementa. (...). VI – DIREITO À SAÚDE COMO COROLÁRIO DO DIREITO FUNDAMENTAL À VIDA DIGNA. O § 4º do art. 199 da Constituição, versante sobre pesquisas com substâncias humanas para fins terapêuticos, faz parte da seção normativa dedicada à 'SAÚDE' (Seção II do Capítulo II do Título VIII). Direito à saúde, positivado como um dos primeiros dos direitos sociais de natureza fundamental (art. 6º da CF) e também como o primeiro dos direitos constitutivos da seguridade social (cabeça do artigo constitucional de nº 194). Saúde que é 'direito de todos e dever do Estado' (*caput* do art. 196 da Constituição), garantida mediante ações e serviços de pronto qualificados como 'de relevância pública' (parte inicial do art. 197). A Lei de Biossegurança como instrumento de encontro do direito à saúde com a própria Ciência. No caso, ciências médicas, biológicas e correlatas, diretamente postas pela Constituição a serviço desse bem inestimável do indivíduo que é a sua própria higidez físico-mental. VII – O DIREITO CONSTITUCIONAL À LIBERDADE DE EXPRESSÃO CIENTÍFICA E A LEI DE BIOSSEGURANÇA COMO DENSIFICAÇÃO DESSA LIBERDADE. O termo 'ciência', enquanto atividade individual, faz parte do catálogo dos direitos fundamentais da pessoa humana (inciso IX do art. 5º da CF). Liberdade de expressão que se afigura como clássico direito constitucional-civil ou genuíno direito de personalidade. Por isso que exigente do máximo de proteção jurídica, até como signo de vida coletiva civilizada. Tão qualificadora do indivíduo e da sociedade é essa vocação para os misteres da Ciência que o Magno Texto Federal abre todo um autonomizado capítulo para prestigiá-la por modo superlativo (capítulo de nº IV do título VIII). A regra de que 'O Estado promoverá e incentivará o desenvolvimento científico, a pesquisa e a capacitação tecnológicas' (art. 218, *caput*) é de logo complementada com o preceito (§ 1º do mesmo art. 218) que autoriza a edição de normas como a constante do art. 5º da Lei de Biossegurança. A compatibilização da liberdade de expressão científica com os deveres estatais de propulsão das ciências que sirvam à melhoria das condições de vida para todos os indivíduos. Assegurada, sempre, a dignidade da pessoa humana, a Constituição Federal dota o bloco normativo posto no art. 5º da Lei 11.105/2005 do necessário fundamento para dele afastar qualquer invalidade jurídica (Ministra Cármen Lúcia). VIII – SUFICIÊNCIA DAS CAUTELAS E RESTRIÇÕES IMPOSTAS PELA LEI DE BIOSSEGURANÇA NA CONDUÇÃO DAS PESQUISAS COM CÉLULAS-TRONCO EMBRIONÁRIAS. A Lei de Biossegurança caracteriza-se como regração legal a salvo da mácula do açodamento, da insuficiência protetiva ou do vício da arbitrariedade em matéria tão religiosa,

filosófica e eticamente sensível como a da biotecnologia na área da medicina e da genética humana. Trata-se de um conjunto normativo que parte do pressuposto da intrínseca dignidade de toda forma de vida humana, ou que tenha potencialidade para tanto. A Lei de Biossegurança não conceitua as categorias mentais ou entidades biomédicas a que se refere, mas nem por isso impede a facilitada exegese dos seus textos, pois é de se presumir que recepcionou tais categorias e as que lhe são correlatas com o significado que elas portam no âmbito das ciências médicas e biológicas. IX – IMPROCEDÊNCIA DA AÇÃO. Afasta-se o uso da técnica de 'interpretação conforme' para a feitura de sentença de caráter aditivo que tencione conferir à Lei de Biossegurança exuberância regratória, ou restrições tendentes a inviabilizar as pesquisas com células-tronco embrionárias. Inexistência dos pressupostos para a aplicação da técnica da 'interpretação conforme a Constituição', porquanto a norma impugnada não padece de polissemia ou de plurissignificatidade. Ação direta de inconstitucionalidade julgada totalmente improcedente." (www.stf.jus.br)

[73] STF, HC 104410/RS, Rel. Min. Gilmar Mendes, Segunda Turma, julgamento em 06/3/2012: Ementa: "1. CONTROLE DE CONSTITUCIONALIDADE DAS LEIS PENAIS. 1.1. Mandatos Constitucionais de Criminalização: A Constituição de 1988 contém um significativo elenco de normas que, em princípio, não outorgam direitos, mas que, antes, determinam a criminalização de condutas (CF, art. 5º, XLI, XLII, XLIII, XLIV; art. 7º, X; art. 227, § 4º). Em todas essas normas é possível identificar um mandato de criminalização expresso, tendo em vista os bens e valores envolvidos. Os direitos fundamentais não podem ser considerados apenas como proibições de intervenção (*Eingriffsverbote*), expressando também um postulado de proteção (*Schutzgebote*). Pode-se dizer que os direitos fundamentais expressam não apenas uma proibição do excesso (*Übermassverbote*), como também podem ser traduzidos como proibições de proteção insuficiente ou imperativos de tutela (*Untermassverbote*). Os mandatos constitucionais de criminalização, portanto, impõem ao legislador, para o seu devido cumprimento, o dever de observância do princípio da proporcionalidade como proibição de excesso e como proibição de proteção insuficiente. 1.2. Modelo exigente de controle de constitucionalidade das leis em matéria penal, baseado em níveis de intensidade: Podem ser distinguidos 3 (três) níveis ou graus de intensidade do controle de constitucionalidade de leis penais, consoante as diretrizes elaboradas pela doutrina e jurisprudência constitucional alemã: a) controle de evidência (*Evidenzkontrolle*); b) controle de sustentabilidade ou justificabilidade (*Vertretbarkeitskontrolle*); c) controle material de intensidade (*intensivierten inhaltlichen Kontrolle*). O Tribunal deve sempre levar em conta que a Constituição confere ao legislador amplas margens de ação para eleger os bens jurídicos penais e avaliar as medidas adequadas e necessárias para a efetiva proteção desses bens. Porém, uma vez que se ateste que as medidas legislativas adotadas transbordam os limites impostos pela Constituição – o que poderá ser verificado com base no princípio da proporcionalidade como proibição de excesso (*Übermassverbot*) e como proibição de proteção deficiente (Untermassverbot) –, deverá o Tribunal exercer um rígido controle sobre a atividade legislativa, declarando a inconstitucionalidade de leis penais transgressoras de princípios constitucionais. (...) 3. LEGITIMIDADE DA CRIMINALIZAÇÃO DO PORTE DE ARMA. Há, no contexto empírico legitimador da veiculação da norma, aparente lesividade da conduta, porquanto se tutela a segurança pública (art. 6º e 144, CF) e indiretamente a vida, a liberdade, a integridade física e psíquica do indivíduo etc. Há

Diante disso, os elementos caracterizadores dos direitos fundamentais de segunda geração são os seguintes:

- Direito-chave: igualdade;
- Função do Estado: promocional;
- Eficácia vinculativa principal da norma: Estado;
- Espécie de direito tutelado: individual, com marcados traços de homogeneidade, e alguns coletivos;[74]
- Concepção política de Estado: Contemporâneo (Estado social).

1.4. Direitos fundamentais de terceira geração

Com a evolução da sociedade, a crescente complexidade das relações intersubjetivas, decorrente do pluralismo e das contradições da sociedade contemporânea, revelou a inadequação da teoria tradicional dos direitos fundamentais que tem por paradigma exclusivo a ética individualista, o qual está em colisão com sociedade que exige macroética, na qual as responsabilidades e as relações se revelam essencialmente coletivas.

Ou seja, os direitos e garantias individuais não mais podem ser apreciados a partir de esfera absoluta de titularidade individual, pois as ações da humanidade, bem como suas consequências, estão centradas na esfera do difuso, em que se mostra impossível a determinação específica das titularidades das pretensões: crimes da macrocriminalidade, invasão da privacidade por meio da Internet, agressões

---

inequívoco interesse público e social na proscrição da conduta. É que a arma de fogo, diferentemente de outros objetos e artefatos (faca, vidro etc.) tem, inerente à sua natureza, a característica da lesividade. A danosidade é intrínseca ao objeto. A questão, portanto, de possíveis injustiças pontuais, de absoluta ausência de significado lesivo deve ser aferida concretamente e não em linha diretiva de ilegitimidade normativa." (www.stf.jus.br).

[74] ARANGO, Rodolfo. *El concepto de derechos sociales fundamentales*. Bogotá: Legis, 2005, p. 59 e segs.

contra o meio ambiente, criminalidade organizada internacional, catástrofes nucleares etc.

O cerne deixa de ser o direito individual-egoístico e passa a ser predominantemente coletivo – e difuso – em que a socialização e a coletivização têm papel fundamental, nas palavras de Bolzan de Morais,[75] situação que inclusive gera profunda crise no positivismo jurídico dogmático, que se coloca afastado das "práticas sociais cotidianas, desconsiderando a pluralidade de novos conflitos coletivos de massas, desprezando as emergentes manifestações extralegislativas", no ensinamento de Wolkmer.[76]

A defesa dos direitos do cidadão, numa sociedade difusa, somente é possível com o entendimento do que seja cidadania coletiva: as agressões contra posições jurídicas só podem ser entendidas e solucionadas de forma coletiva, uma vez que as consequências de muitas condutas somente assumem relevância histórica e social se devidamente contextualizadas.

Exemplo disso são as agressões ao meio ambiente, nas quais se mostra impossível delimitar, de forma individualizada, os danos e os sujeitos passivos do fato, em virtude de sua natureza difusa, devendo imperar, portanto, na análise desses novos direitos, a ética da responsabilidade coletiva.

Os direitos fundamentais de terceira geração são os direitos da solidariedade humana, pois não se destinam a pessoas determinadas ou a grupos de pessoas, mas têm por destinatário toda a coletividade, em sua acepção difusa, como o direito à paz, ao meioambiente, ao patrimônio comum da humanidade. Tal espécie de direitos, segundo

---

[75] BOLZAN DE MORAIS, Jose Luis. *Do direito social aos interesses transindividuais.* Porto Alegre: Livraria do Advogado, 1996, p. 125.

[76] WOLKMER, Antônio Carlos. *Pluralismo jurídico: fundamentos de uma nova cultura do direito.* São Paulo: Alfa-Omega, 1994, p. 66.

Pizzorusso,[77] apresenta caráter menos unívoco, havendo interligação com aqueles direitos que integram as gerações precedentes, exigindo-se novos instrumentos jurídicos de tutela.

Essa categoria de direitos fundamentais engloba alguns direitos prestacionais e, igualmente, um conjunto de novos direitos (em alguns casos não constitucionalizados), que podem exigir ação ou omissão do poder público ou dos particulares.[78] Com efeito, se nas gerações antecedentes os direitos se demonstram claramente situados no que se refere à relação do Estado para com o cidadão, os direitos fundamentais de terceira geração personificam a massificação da sociedade contemporânea, exigindo dialética efetiva entre condutas (ação/omissão) e destinatários das obrigações constitucionais (Estado/cidadão): a efetivação dos chamados *novos direitos* pressupõe visões marcadamente solidárias, no sentido de que não há possibilidade de fruição egoística desses direitos. São direitos difusos, transindividuais, que não apresentam titularidade individual.

Ao mesmo tempo em que exigem nova forma de conhecimento, os direitos fundamentais de terceira geração evidenciam a ineficácia dos tradicionais instrumentos judiciais de proteção, os quais, embasados primordialmente na titularidade individual, acabam por fragmentar direitos essencialmente indivisíveis, redundando na impossibilidade de esses instrumentos espelharem a realidade conflituosa própria dos direitos coletivos e difusos. O caminho a ser trilhado aponta para a valorização dos mecanismos coletivos de defesa de direitos, percebendo-se claramente a sobreposição da atuação processual coletiva, mediante a ampliação dos poderes processuais do Ministério Público

---

77 PIZZORUSSO, Alessandro. *Las "generaciones"de derechos*, p. 305.

78 PORRAS NADALES, Antonio J. *Derechos e intereses. Problemas de tercera generacion*, p. 221.

e das associações civis que tenham por objetivo a defesa de direitos difusos e coletivos, técnica que possibilitará a compreensão do problema em sua contextualidade, permitindo a divisão solidária dos benefícios e ônus desses direitos entre todos os integrantes do tecido social. Meio ambiente é o exemplo mais exato desta espécie de direito: STF, ADI 4029;[79] STF, RE 417408 AgR/RJ;[80] STF, ADPF 101/DF;[81] STJ, REsp 938484/MG.[82]

[79] Rel. Min. Luiz Fux, Tribunal Pleno, julgamento em 08/3/2012. "Ementa: AÇÃO DIRETA DE INCONSTITUCIONALIDADE. LEI FEDERAL Nº 11.516/07. CRIAÇÃO DO INSTITUTO CHICO MENDES DE CONSERVAÇÃO DA BIODIVERSIDADE. LEGITIMIDADE DA ASSOCIAÇÃO NACIONAL DOS SERVIDORES DO IBAMA. ENTIDADE DE CLASSE DE ÂMBITO NACIONAL. VIOLAÇÃO DO ART. 62, *CAPUT* E § 9º, DA CONSTITUIÇÃO. NÃO EMISSÃO DE PARECER PELA COMISSÃO MISTA PARLAMENTAR. INCONSTITUCIONALIDADE DOS ARTIGOS 5º, *CAPUT*, E 6º, *CAPUT* E §§ 1º E 2º, DA RESOLUÇÃO Nº 1 DE 2002 DO CONGRESSO NACIONAL. MODULAÇÃO DOS EFEITOS TEMPORAIS DA NULIDADE (ART. 27 DA LEI 9.868/99). AÇÃO DIRETA PARCIALMENTE PROCEDENTE. (...) 8. Deveras, a proteção do meio ambiente, direito fundamental de terceira geração previsto no art. 225 da Constituição, restaria desatendida caso pudessem ser questionados os atos administrativos praticados por uma autarquia em funcionamento desde 2007. Na mesma esteira, em homenagem ao art. 5º, *caput*, da Constituição, seria temerário admitir que todas as Leis que derivaram de conversão de Medida Provisória e não observaram o disposto no art. 62, § 9º, da Carta Magna, desde a edição da Emenda nº 32 de 2001, devem ser expurgadas com efeitos *ex tunc*. 9. (...)." (www.stf.jus.br).

[80] Rel. Min. Dias Toffoli, Primeira Turma, julgamento em 20/3/2012. "Ementa: AGRAVO REGIMENTAL NO RECURSO EXTRAORDINÁRIO. CONSTITUCIONAL. AÇÃO CIVIL PÚBLICA. DEFESA DO MEIO AMBIENTE. IMPLEMENTAÇÃO DE POLÍTICAS PÚBLICAS. POSSIBILIDADE. VIOLAÇÃO DO PRINCÍPIO DA SEPARAÇÃO DOS PODERES. NÃO OCORRÊNCIA. PRECEDENTES. 1. Esta Corte já firmou a orientação de que é dever do Poder Público e da sociedade a defesa de um meio ambiente ecologicamente equilibrado para a presente e as futuras gerações, sendo esse um direito transindividual garantido pela Constituição Federal, a qual comete ao Ministério Público a sua proteção. 2. O Poder Judiciário, em situações excepcionais, pode determinar que a Administração pública adote medidas assecuratórias de direitos constitucionalmente reconhecidos como essenciais sem que isso configure violação do princípio da separação de poderes. 3. Agravo regimental não provido." (www.stf.jus.br).

[81] Rel. Min. Cármen Lúcia, Tribunal Pleno, julgamento em 24/6/2009. Ementa: (...) 2. Argüição de descumprimento dos preceitos fundamentais constitucionalmente estabelecidos: decisões judiciais nacionais permitindo a importação de pneus usados de Países que não compõem o Mercosul: objeto de contencioso na Organização Mundial do Comércio – OMC, a partir de 20.6.2005, pela Solicitação de Consulta da União Europeia ao Brasil. 3. Crescente aumento da frota de veícu-

Podem, pois, ser deduzidos os seguintes elementos caracterizadores dos direitos fundamentais de terceira geração:

- Direito-chave: fraternidade;
- Função do Estado: complexa (omissiva e promocional);
- Eficácia vinculativa da norma: Estado e cidadão;
- Espécie de direito tutelado: coletivo e difuso, com interligação com o direito individual.

A concepção geracional dos direitos fundamentais mereceu acolhida pelo Supremo Tribunal Federal brasileiro, quando do julgamento do Mandado de Segurança nº 22.164-0/SP (em 30 de outubro de 1995, Relator o Ministro Celso de Mello), cujo acórdão ficou assim ementado:[83]

---

los no mundo a acarretar também aumento de pneus novos e, consequentemente, necessidade de sua substituição em decorrência do seu desgaste. Necessidade de destinação ecologicamente correta dos pneus usados para submissão dos procedimentos às normas constitucionais e legais vigentes. Ausência de eliminação total dos efeitos nocivos da destinação dos pneus usados, com malefícios ao meio ambiente: demonstração pelos dados. 4. Princípios constitucionais (art. 225) a) do desenvolvimento sustentável e b) da equidade e responsabilidade intergeracional. Meio ambiente ecologicamente equilibrado: preservação para a geração atual e para asgerações futuras. Desenvolvimento sustentável: crescimento econômico com garantia paralela e superiormente respeitada da saúde da população, cujos direitos devem ser observados em face das necessidades atuais e daquelas previsíveis e a serem prevenidas para garantia e respeito às gerações futuras. Atendimento ao princípio da precaução, acolhido constitucionalmente, harmonizado com os demais princípios da ordem social e econômica. (...)" (www.stf.jus.br).

[82] Rel. Min. Herman Benjamin, Segunda Turma, julgamento em 08/9/2009. Ementa: (...). 5. O acórdão recorrido encontra-se em sintonia com a tendência atual da doutrina e da jurisprudência, que reconhece a possibilidade de controle judicial da legalidade "ampla" dos atos administrativos. Como muito bem decidido pelo Tribunal, "em se tratando de direitos da terceira geração, envolvendo interesses difusos e coletivos, como ocorre com afetação negativa do meio ambiente, o controle deve ser da legalidade ampla", ou seja, se o ato administrativo (no caso o licenciamento ambiental) afronta o sistema jurídico, seus valores fundamentais e seus princípios basilares "não podem prevalecer". 6. (...)" (www.stj.jus.br).

[83] Acórdão disponível na página do STF na internet: www.stf.gov.br.

O direito à integridade do meio ambiente – típico direito de terceira geração – constitui prerrogativa jurídica de titularidade coletiva, refletindo, dentro do processo de afirmação dos direitos humanos, a expressão significativa de um poder atribuído, não ao indivíduo identificado em sua singularidade, mas, num sentido verdadeiramente mais abrangente, à própria coletividade social.

Enquanto os direitos de primeira geração (direitos civis e políticos) – que compreendem as liberdades clássicas, negativas ou formais – realçam o princípio da liberdade e os direitos de segunda geração (direitos econômicos, sociais e culturais) – que se identificam com as liberdades positivas, reais ou concretas – acentuam o princípio da igualdade, os direitos de terceira geração, que materializam poderes de titularidade coletiva atribuídos genericamente a todas as formações sociais, consagram o princípio da solidariedade e constituem um momento importante no processo de desenvolvimento, expansão e reconhecimento dos direitos humanos, caracterizados, enquanto valores fundamentais indisponíveis, pela nota de uma essencial inexauribilidade.

1.5. Quadro comparativo das gerações dos direitos fundamentais

	PRIMEIRA GERAÇÃO	SEGUNDA GERAÇÃO	TERCEIRA GERAÇÃO
DIREITO-CHAVE	Liberdade	Igualdade	Fraternidade
FUNÇÃO DO ESTADO	Omissiva	Promocional	Complexa: omissiva e promocional
ESPÉCIE DE DIREITO	Individual	Individual e alguns coletivos	Coletivo e difuso, com interligação com os direitos individuais
CONCEPÇÃO POLÍTICA DE ESTADO	Liberal	Social	Social

1.6. Críticas à concepção geracional dos direitos fundamentais

Não obstante se reconheça constituírem os direitos humanos categorias históricas, sendo essencial que se proceda à contextualização,[84] algumas questões não se mostram adequadamente resolvidas pela teoria geracional dos direitos fundamentais.

A primeira crítica reside na própria nomenclatura que lhe é atribuída. Com efeito, a expressão *gerações dos direitos fundamentais*, em virtude de sua imprecisão, pode facilmente induzir em erro, por levar a crer que os direitos fundamentais se sucedem no devir histórico, cada geração sendo substituída por outra.[85]

Em verdade, o fenômeno que se percebe é o da acumulação dos direitos.[86] Os direitos de segunda geração, ao invés de substituírem, agregam-se aos já existentes direitos fundamentais de primeira geração, e assim sucessivamente, sendo possível afirmar-se que os diversos modos de conceber os direitos não se excluem, mas se complementam. A precisão conceitual, em se tratando de direitos do homem, é indeclinável. Assim, preservando-se os objetivos dessa classificação (dado histórico), poder-se-ia afirmar que as diversas gerações, em verdade, são diferentes dimensões do mesmo fenômeno, cuja magnitude somente é perceptível em seu conjunto.

Os direitos fundamentais, então, são entendidos a partir de diferentes dimensões, de acordo com o momento

---

[84] PÉREZ LUÑO, Antonio-Enrique. *Las generaciones de derechos humanos*, p. 205.

[85] MIRANDA, Jorge. *Manual de direito constitucional. Direitos fundamentais*. 5. ed. Coimbra: Coimbra, 2012, p. 30; SARLET, Ingo. *A eficácia dos direitos fundamentais*. 11. ed. Porto Alegre: Livraria do Advogado, 2012, p. 45.

[86] MENDES, Gilmar; BRANCO, Paulo Gustavo Gonet. *Curso de Direito Constitucional*. 8. ed. São Paulo: Saraiva, 2013, p. 138; VIEIRA DE ANDRADE, José Carlos. *Os direitos fundamentais na Constituilção Portuguesa de 1976*. 5. ed. Coimbra: Almedina, 2012, p. 68.

histórico no qual são reconhecidos. À primeira geração corresponde a dimensão negativa dos direitos fundamentais. Num segundo momento histórico, esses direitos ganham a companhia dos direitos da segunda geração, os quais correspondem à dimensão prestacional dos direitos fundamentais. Num terceiro momento, agregam-se os direitos fundamentais de terceira geração, que se caracterizam pela dimensão difusa.

A classificação dos direitos fundamentais, a partir do elemento histórico, dar-se-ia, pois, em três dimensões: a) dimensão negativa (*direitos fundamentais de primeira dimensão*); b) dimensão prestacional (*direitos fundamentais de segunda dimensão*); c) dimensão difusa (*direitos fundamentais de terceira dimensão*).

A segunda crítica reporta-se ao próprio método de classificação dos direitos fundamentais. É discutível a validade dogmática de teoria que, ignorando completamente a estrutura própria dos direitos, utiliza o momento histórico como fator exclusivo de classificação dos direitos fundamentais, não exteriorizando caráter suficientemente preciso para poder ser utilizada como noção jurídica válida.[87]

Mais importante do que o momento de reconhecimento é o conteúdo dos direitos. Os direitos fundamentais podem ser classificados de acordo com as respectivas afinidades, o que somente pode ser percebido a partir do estudo criterioso dos conteúdos dos diversos direitos. Para Vieira de Andrade,[88] a distinção poderá ser efetuada entre direitos de defesa, direitos de participação política e direitos a prestações, em que os direitos são separados conforme o modo de proteção: é possível a localização de direitos sociais dentre os direitos fundamentais da primeira geração, e, em sentido contrário, localizar direitos negativos dentre

[87] PIZZORUSSO, Alessandro. *Las "generaciones" de derechos*, p. 291.

[88] *Os Direitos Fundamentais na Constituição Portuguesa de 1976*, p. 174.

os direitos sociais, assunto que será objeto de conhecimento no próximo capítulo.

1.7. Abertura constitucional dos direitos fundamentais

A concepção geracional dos direitos fundamentais pressupõe textura aberta de compreensão dos direitos fundamentais,[89] consoante estabelecido no § 2º do artigo 5º da Constituição Federal,[90] a exteriorizar entendimento segundo o qual, além do conceito formal de direitos fundamentais,[91] há o conceito material, no sentido de que existem direitos que, por seu conteúdo, pertencem ao corpo fundamental da Constituição de um Estado, mesmo não constando expressamente do catálogo.[92] A textura aberta dos direitos fundamentais permite à Constituição incorporar, ao seu rol de direitos, novos direitos fundamentais decorrentes da evolução da consciência política e jurídica da sociedade.

---

[89] PÉREZ LUÑO, Antonio-Enrique. *Las generaciones de derechos humanos*, p. 217.

[90] Disposição semelhante encontra-se inserta no no art. 16º, nº 1, da Constituição portuguesa.

[91] Sobre o paralelismo entre os conceitos formal e material de Constituição e a concepção de Constituição enquanto espaço de união do cidadão no âmbito do ordenamento jurídico, consulte-se: BERTI, Giorgio. *Interpretazione costituzionale. Lezioni di Diritto pubblico*. 4. ed. Padova: Cedam, 2001, p. 20. Ainda sobre a Constituição material: 1) CATELANI, Alessandro e LABRIOLA, Silvano (org.). *La Constituzione materiale. Percorsi culturali e attualità d un'idea*. Milano: Giuffrè editore, 2001; 2) BACHOF, Otto. *Normas constitucionais inconstitucionais?* Coimbra: Almedina, 1994, p. 38 e segs; 3) SCHMITT, Carl. *Teoria de la Constitución*. Madrid: Alianza Editorial, 1996, p. 23 e segs.

[92] SARLET, Ingo. *A eficácia dos direitos fundamentais*. 11. ed. Porto Alegre: do Advogado, 2012, p. 74 e segs.; CALLEJÓN, Francisco Balaguer (org.). *Manual de Derecho Constitucional*. 6. ed. Madri: Tecnos, 2011, p. 49 e segs.; QUEIROZ, Cristina. *Direitos Fundamentais*. Coimbra: Coimbra, 2002, p. 48 e ses.; ALEXANDRINO, José de Melo. *A estruturação do sistema de direitos, liberdades e garantias na Constituição portuguesa*. Vol. II, Coimbra: Almedina, 2002, p. 611 e segs.; FERREIRA FILHO, Manoel Gonçalves. *Direitos humanos fundamentais*. 14. ed. São Paulo: Saraiva, 2012, p. 123 e segs.

Dessa opção constitucional decorre o desdobramento do conceito de direito fundamental. Os direitos fundamentais, em sentido formal, podem ser identificados como aquelas posições jurídicas da pessoa humana – em suas diversas dimensões (individual, coletiva ou social) – que, por decisão expressa do legislador constituinte, foram consagradas no catálogo dos direitos fundamentais. Direitos fundamentais, em sentido material, são aqueles que, apesar de se encontrarem fora do catálogo, em virtude da importância de seu conteúdo, podem ser equiparados aos direitos formalmente (e materialmente) fundamentais.

Para Jorge Miranda,[93] a enumeração constitucional dos direitos fundamentais é aberta, encontrando-se apta a ser completada por novos direitos além daqueles definidos ou especificados em cada momento histórico. Segundo Vieira de Andrade,[94] a ideia da abertura dos direitos fundamentais resulta, por um lado, do fato de que nenhum catálogo formal de direitos pode ter a pretensão de esgotar o conteúdo dos direitos fundamentais, sendo adequado supor-se, ainda, a superveniência de gerações de novos direitos não previstos pelo Constituinte quando da elaboração do catálogo formal dos direitos fundamentais, fator que confere maleabilidade protetiva ao Texto Constitucional.

A concepção aberta dos direitos fundamentais, típica dos sistemas democráticos, impede o engessamento dos métodos de concessão de direitos aos cidadãos, ao tempo que permite a incorporação dos chamados *novos direitos*. Esta é a primeira consequência da adoção de um conceito material de direito fundamental. Outro importante colorário repousa na aplicação do regime específico dos direitos, liberdades e garantias a todos os direitos materialmente

[93] MIRANDA, Jorge. A abertura constitucional a novos direitos fundamentais. In: *Estudos em homenagem ao Professor Doutor Manuel Gomes da Silva*. Edição da Faculdade de Direito da Universidade de Lisboa. Coimbra: Coimbra, 2001, p. 561.

[94] VIEIRA DE ANDRADE, José Carlos. *Os Direitos Fundamentais na Constituição Portuguesa de 1976*, 5. ed. Coimbra: Almedina, 2012, p. 68.

fundamentais, independentemente de constarem do rol formal dos direitos fundamentais (direitos formalmente fundamentais).

Semelhante textura aberta dos direitos fundamentais exige adequada definição de seus pressupostos de incidência, sob pena de se produzir alargamento em desfavor dos direitos fundamentais, conforme crítica de Rebelo de Sousa.[95] Com efeito, a convivência dos diversos direitos fundamentais implica relação de respeito e harmonia, não sendo demais afirmar-se que a inflação na concessão dos direitos introduz no sistema, em maior ou menor grau, certo conjunto de restrições aos demais direitos já consagrados pelo Poder Constituinte, devendo ser empregada interpretação em favor dos direitos fundamentais. Não custa lembrar que a abertura constitucional dos direitos fundamentais é princípio elaborado para a maximização da esfera de proteção desses direitos, e não para impor eventuais restrições aos direitos consagrados no Texto Constitucional.

Uma última questão deve ainda ser enfrentada. Em se admitindo a existência de direitos materialmente fundamentais que não constam do catálogo formal dos direitos fundamentais, é possível verificar a existência de preceitos incluídos na Parte I da Constituição (catálogo formal) que não sejam materialmente fundamentais? Não obstante o posicionamento de Vieira de Andrade,[96] para quem há somente presunção de que os direitos nomeados na Parte I da Constituição sejam também materialmente fundamentais, não há utilidade prática ou teórica em se questionar a materialidade dos direitos constantes do catálogo dos direitos fundamentais da Constituição.

Os direitos formalmente declarados decorrem da soberana vontade do Poder Constituinte, não sendo possível

---

[95] SOUSA, Marcelo Rebelo de; ALEXANDRINO, José de Melo. *Constituição da República Portuguesa Comentada*. Lisboa: Lex, 2000, p. 93.

[96] VIEIRA DE ANDRADE, José Carlos. op. cit, p. 86.

proceder à hierarquização interna. Na esteira de Jorge Miranda, todos os direitos fundamentais em sentido formal são também direitos fundamentais em sentido material,[97] até mesmo porque o objetivo de uma cláusula aberta dos direitos fundamentais é a ampliação da proteção, e não o contrário.[98]

Assim, a cláusula constitucional que permite a abertura a novos direitos fundamentais deve ser interpretada como tendo função maximizadora da estrutura protetiva fundamental. A busca de direitos não expressamente elencados no Catálogo dos Direitos Fundamentais (sejam eles novos ou não, escritos ou não) deve ser criteriosa, objetivando-se alcançar padrão mínimo de reconhecimento, para que essa cláusula não se transforme em inimiga dos direitos fundamentais. O elemento essencial à prova da fundamentalidade desses direitos deve residir, em última instância, no princípio constitucional da dignidade da pessoa humana.[99]

---

[97] MIRANDA, Jorge. op. cit., Tomo IV, p. 9.

[98] Nesse sentido: CANOTILHO, J. J. Gomes. *Direito Constitucional e Teoria da Constituição*. p. 372.

[99] Sobre o reconhecimento de novos direitos, emergentes da consciência social, independentemente de algum reconhecimento normativo, veja-se: MODUGNO, Franco. *I "nuovi diritti" nella giurisprudenza constituzinale*. Torino: G. Giappichalli Editore, 1995. Para uma compreensão estruturante do princípio da dignidade da pessoa humana, consulte-se: SARLET, Ingo. *Dignidade da pessoa humana e direitos fundamentais*. 9ª ed. Porto Alegre: Livraria do Advogado, 2012.

Capítulo II

Classificação dos direitos fundamentais de acordo com o conteúdo preponderante

2.1. O conteúdo do direito como elemento essencial à classificação

Em resposta aos problemas teóricos apresentados pela concepção *geracional*, a doutrina constitucional concebeu nova forma de classificação dos direitos fundamentais, tendo por elemento essencial não mais o momento histórico, mas o conteúdo preponderante do direito considerado. A partir do conhecimento do núcleo essencial dos direitos, a posição realizadora do Estado passa a integrar o processo de classificação, ao estabelecer interligação entre o conteúdo do direito e a função do Estado diante de sua efetivação.

Criam-se duas categorias jurídicas distintas. De um lado, as liberdades negativas; de outro, as liberdades positivas. Às liberdades negativas corresponde a postura omissiva do Estado, a qual comporta não somente a garantia de fazer ou não fazer alguma coisa, mas também o direito de não se submeter a interferências da autoridade na própria esfera de liberdade.[100] As liberdades positivas, ao contrário, encontram sua realização na função promocional do Estado, consubstanciando aqueles direitos que reclamam, para

[100] DE VERGOTINI, Giuseppe. *Diritto Costituzionale*. Padova: Cedan, 2. ed., 2000, p. 293.

serem efetivados, a prática de condutas concretas por parte do poder público.

Para Ferrajoli,[101] a partir da proposição de tipologia objetiva, os direitos fundamentais podem ser separados tendo-se presente sua natureza de expectativas negativas (*de não lesão*) ou positivas (*de prestação*). Os primeiros consistem em direitos negativos ou de imunidade e os segundos correspondem aos direitos positivos, isto é, expectativas de prestações por parte de terceiros.

Os direitos fundamentais devem ser classificados, pois, à luz dessas duas categorias, tendo-se presente a função realizadora do Estado, independentemente do momento histórico no qual foram reconhecidos: se materialmente, a partir do respectivo conteúdo, a realização do direito prescinde de atuação concreta estatal, trata-se de *direito negativo* (*liberdades negativas: obrigação de abstenção da interferência na esfera pessoal por parte do Estado)*; se, ao contrário, a atuação concreta do Estado é pressuposto (e elemento) para a realização do direito, estamos diante de *direito positivo* ou *prestacional* (*liberdades positivas: obrigação de intervenção ativa por parte do Estado).*

De Vergotini,[102] ao reconhecer a importância do conteúdo do direito para a sua classificação, propõe que se considere a existência, no âmbito da liberdade negativa, de dois fenômenos distintos, mas complementares, quais sejam, *liberdade* ***do*** *Estado* e *liberdade* ***no*** *Estado*. O primeiro, liberdade **do** Estado, consubstancia-se nos direitos exercitáveis contra o poder político, os quais têm por escopo impedir interferências indevidas nas esferas privadas dos cidadãos. O segundo, liberdade **no** Estado, refere-se à participação ativa da pessoa na atividade política, traduzin-

---

[101] FERRAJOLI, Luigi. *Los fundamentos de los derechos fundamentales*. Madrid: Trota, 2001, p. 294.

[102] DE VERGOTINI, Giuseppe. *Diritto Constituzionale*. 2. ed. Padova: Cedan, 2000, p. 293. No mesmo sentido: AMATO, Giuliano. BARBERA, Augusto (org.). *Manuale di diritto pubblico*. Vol. I. 5. ed. Bologna: il Mulino, 1997, p. 229.

do os primados de uma sociedade democrática e participativa. A liberdade negativa tende a salvaguardar o perfil privado da pessoa humana, enquanto os direitos políticos garantem a interação dinâmica do cidadão no contexto social e político de sua comunidade.[103]

Esta proposição teórica pode ser assim traduzida:

DIREITOS FUNDAMENTAIS

I) Direitos **negativos**:

- Liberdade <u>**do**</u> Estado;
- Liberdade <u>**no**</u> Estado.

II) Direitos **positivos** (prestacionais):

- Liberdade <u>**mediante**</u> o Estado.

Semelhante catalogação dos direitos fundamentais, todavia, parece não corresponder, adequadamente, às premissas da teoria dualista, em virtude do caráter complexo dos direitos políticos, os quais não podem ser classificados, em sua integralidade, como direitos negativos. Com efeito, partindo-se do pressuposto de que é determinante o conteúdo do direito quando se proceder à classificação, os chamados direitos da cidadania ora são direitos tipicamente negativos, ao exigirem a não intromissão indevida do poder político, ora são direitos positivos, ao demandarem a prática de atos ou procedimentos por parte do Estado para o exercício do próprio direito, como é o caso da obrigação estatal de adotar todas as condutas concretas necessárias à realização de eleições periódicas.

Desse modo, os direitos políticos não podem ser agrupados conjuntamente no âmbito dos direitos negativos,

---

[103] DE VERGOTINI, Giuseppe. *Diritto Constituzionale*. Padova: Cedan, 2. ed., 2000, p. 293.

sendo necessária a cisão das diversas facetas dessa espécie normativa, para, assim, alocá-los de acordo com o conteúdo preponderante: exigindo o direito político a omissão do Estado, deve ser catalogado como liberdade negativa; ao contrário, quando a satisfação do direito de cidadania reclama determinada ação concreta estatal, estamos diante de direito positivo. Nesta perspectiva, os direitos de participação seriam mistos de direitos de defesa e de direitos a prestações, para usar a expressão de Vieira de Andrade.[104]

Cuidado especial deve ser dedicado ao estabelecer-se a interligação entre a teoria dualista e a concepção *geracional* dos direitos fundamentais, diante da tendência de equiparar os direitos negativos (*teoria dualista*) aos direitos fundamentais de primeira geração (*teoria geracional*), enquanto os direitos positivos da teoria dualista seriam encontrados entre os direitos fundamentais de segunda geração.

Não obstante a aparente compatibilidade entre as duas modalidades de compreensão dos direitos fundamentais, esse procedimento, por contrariar os paradigmas das respectivas teorias, deve ser refutado. Não há identificação entre os critérios classificatórios, e, em consequência, as conclusões de ambas as teorias remetem a locais distintos. Como já restou anteriormente assentado, segundo a teoria *geracional*, o único critério para a classificação dos direitos fundamentais é o momento histórico no qual surgiram. Já para a teoria dualista este dado – momento histórico – não é relevante, pois os direitos fundamentais são classificados de acordo com os respectivos núcleos essenciais.

Em virtude disso, tanto os direitos negativos quanto os direitos positivos podem ser encontrados em qualquer uma das gerações da teoria *geracional*, bastando para isso o conteúdo do direito reclamar esta posição. Assim, dentre os chamados "direitos sociais", característicos da segunda geração para a teoria *geracional*, podem ser encontrados

[104] VIEIRA DE ANDRADE, José Carlos. Op. cit., 2001, p. 175.

tanto direitos *negativos* (liberdade de associação sindical, por exemplo) quanto direitos *positivos* (direito à prestação em sentido estrito: saúde, por exemplo). O mesmo fenômeno repete-se relativamente aos demais direitos fundamentais.

2.2. Concepção dualista dos direitos fundamentais

A teoria dos direitos fundamentais de Robert Alexy[105] é importante contribuição ao aperfeiçoamento do sistema de classificação dos direitos fundamentais, ao estabelecer o conteúdo do direito como elemento essencial a sua própria consideração doutrinária. A partir desse pressuposto, os direitos fundamentais são divididos em dois grandes grupos: a) *direitos de defesa*; b) *direitos prestacionais em sentido amplo*.

Para o autor,[106] de acordo com a interpretação liberal clássica, os direitos fundamentais estão destinados a assegurar a esfera da liberdade individual diante das intervenções do poder público, sendo, portanto, direitos de defesa do cidadão em face do Estado. Os direitos de defesa do cidadão frente ao Estado são direitos a ações negativas (omissões) do Estado. Do outro lado da moeda, encontram-se os direitos a ações positivas do Estado, que devem ser incluídos no *status* positivo em sentido estrito. O conceito de direito à prestação é amplo, que engloba todo o direito a algum ato positivo: todo direito que exige a ação do Estado é direito a prestação (positivo).[107]

---

[105] Para elaboração deste trabalho foram considerados os seguintes escritos de Robert Alexy: *Teoria de los Derechos Fundamentales*. Madrid: Centro de Estúdios Políticos y Constitucionales, 2002, e *Epílogo a la teoría de los Derechos Fundamentales*. Revista Española de Derecho Constitucional. Madrid: Centro de Estudios Políticos y Constitucionales, nº 66, ano 22, set/dez 2002, p. 13/64.

[106] ALEXY, Robert. Op. cit., 2002, p. 419.

[107] Idem, p. 427.

Assim, a escala das ações positivas do Estado que podem ser objeto de um direito a prestações compreende desde a proteção do cidadão frente a outros cidadãos (eficácia externa dos direitos fundamentais), por meio de normas de direito penal (criminalização de condutas, por exemplo), passando pela produção de normas de organização e de procedimento, até a prestação em dinheiro e em bens.[108] Tal sistemática determina que muitos direitos fundamentais sociais, que podem ser considerados como típicos direitos a prestação, exigem complexo de ações que apontam, em parte, a prestações fáticas e, em parte, a prestações normativas.[109]

2.2.1. *Direitos a ações negativas (direitos de defesa)*

Os direitos dos cidadãos frente ao poder público a ações negativas do Estado caracterizam os direitos de defesa, os quais podem ser divididos em três grupos, a saber:

- **Direitos ao não impedimento de ações**: são os direitos do cidadão frente ao Estado, para que este não impeça ou obstaculize determinadas ações do titular do direito. Exemplo: direito de ir, vir e ficar;

- **Direitos à não afetação de propriedades e situações**: direitos que se reportam à salvaguarda de esferas privadas de intangibilidade pelo poder público, como a inviolabilidade de domicílio. O conceito de propriedade, aí utilizado por ALEXY, não se confunde com o conceito tradicional de "*propriedade privada*", abrangendo acepção mais alargada, de modo a aproximar-se do conceito de "bem jurídico" do cidadão. Veja-se outro exemplo de "propriedade" que não

[108] ALEXY, Robert. Op. cit., 2002, p. 427.

[109] Idem, p. 428.

pode ser afetada pelo Estado, citado pelo próprio autor: direito à vida;[110]

- **Direitos à não eliminação de posições jurídicas**: são os direitos que impedem o Estado de interferir na configuração jurídica dos direitos do cidadão com o objetivo de eliminá-los, como seria o caso da eliminação, por meio de norma, do instituto jurídico da propriedade, situação que acabaria por esvaziar completamente o direito fundamental.

2.2.2. Direito à prestação em sentido amplo

Os direitos à prestação em sentido amplo (direitos a ações positivas) englobam todos os direitos que exigem a ação do Estado, traduzindo relação trivalente entre o titular de direito fundamental, o Estado e a ação positiva do Estado. Se o titular do direito fundamental ***"a"*** tem certo direito frente ao Estado ***"s"*** para que este realize a ação positiva ***"h"***, então o Estado tem, frente a ***"a"***, o dever de realizar ***"h"***.[111] Esses direitos podem ser divididos em três grupos, a saber:

- **Direitos à proteção**: por direitos à proteção entende Alexy[112] os direitos do titular de direito fundamental frente ao Estado para que este o proteja de intervenções de terceiros, situação que se estende desde a proteção ante ações de homicídio do tipo clássico até a proteção diante dos perigos do uso pacífico da energia atômica. A proteção pode ser efetuada mediante normas de direito penal ou de processo penal, de ações administrativas e de atuações fáticas (prevenção policial ostensiva, por exemplo). As ações positivas prote-

[110] ALEXY, Robert. Op. cit., 2002, p. 192.

[111] ALEXY, Robert. *Teoria dos direitos fundamentais*. São Paulo: Malheiros, 2008, p. 445.

[112] Idem, p. 435.

tivas podem ser de caráter normativo (exemplo: fazer norma jurídica para criminalizar a conduta "matar alguém") ou de natureza fática (exemplo: prevenção policial);

- **Direitos à organização e a procedimento**: são sistemas de princípios e de regras para a obtenção de determinado resultado, ou seja, direitos procedimentais que regulam a forma de tomada de decisões e a prática de condutas que têm por objetivo a interferência nos direitos fundamentais do cidadão, bem como formulam instrumentos jurídicos para a defesa dos direitos fundamentais. Como exemplo podem ser citados os procedimentos judiciais e os procedimentos administrativos;

- **Direitos à prestação em sentido estrito**: são os direitos sociais. Para Alexy,[113] os direitos a prestações em sentido estrito são direitos do indivíduo frente ao Estado à prestação concreta que poderia obter também de particulares, caso o sujeito de direito conte com meios financeiros e possa encontrar no mercado oferta suficiente.[114]

2.2.3. *Diferenças estruturais entre o direito de defesa e o direito à prestação*

Para Alexy,[115] os direitos a ações positivas (direitos prestacionais em sentido amplo) comportam problemas que não se fazem presentes nos direitos negativos. É que

---

[113] ALEXY, Robert. Op. cit., p. 482.

[114] Este conceito de direitos sociais fundamentais gera certa perplexidade, ao incluir como pressuposto a possibilidade de a pretensão poder ser satisfeita pelo particular, situação que não parece corresponder à estrutura da norma prestacional. Assim, melhor o conceito proposto por JORGE MIRANDA: os direitos sociais são direitos de libertação de necessidade e expressão de solidariedade organizada (*Regimes específicos dos direitos económicos, sociais e culturais*, p. 355).

[115] *Teoria de los derechos fundamentales*, 2002, p. 429.

os direitos a ações negativas impõem *limites* ao Estado na persecução de seus fins. Os direitos a ações positivas, ao contrário, determinam ao poder político a *persecução* de determinados objetivos.

As diferenças estruturais entre essas duas espécies normativas (direitos negativos e direitos positivos) são marcantes, pois os direitos de defesa são para os destinatários *proibições* de destruir, de afetar negativamente etc. Os direitos a prestações, por seu lado, são para os destinatários *mandatos* para proteção, promoção etc. Assim, no caso dos direitos negativos, se estiver proibido destruir ou afetar alguma coisa, pode-se facilmente concluir estar proibida toda e qualquer ação que possa provocar afetação ao objeto considerado.

No caso dos direitos positivos, a situação é essencialmente diferenciada, pois se a norma determina a proteção ou a promoção de algum bem, não está ordenada toda e qualquer ação, mas somente aquela que for eficaz a essa proteção/promoção. Assim, prossegue Alexy,[116] a proibição de matar implica, *prima facie*, a proibição de toda ação de matar. Ao contrário, a ordem de salvamento não implica a ordem de prática de todas as ações possíveis de salvamento, o que demonstra que o destinatário da ordem de salvamento tem *campo de ação* dentro do qual pode eleger como deve cumprir a ordem.

Ou seja, à pergunta "*qual conduta está proibida*?", que corresponde aos direitos negativos, segue-se a resposta simples "*toda e qualquer conduta que possa afetar o direito protegido*". Ao contrário, à pergunta "*qual conduta está ordenada?*", que corresponde aos direitos positivos, não pode seguir a resposta "*todas as ações possíveis*", pois o objetivo da norma é determinar ao destinatário a busca útil do resultado de proteção, sendo que está ordenado o fim e não os meios.

---

[116] ALEXY, Robert. Op. cit., 2002, p. 447.

A resposta, portanto, vai pressupor a existência de número indeterminado de ações possíveis, entre as quais haverá espaço político, decorrente da legitimidade democrática, de seleção dos meios para a busca da finalidade protegida. A escolha do destinatário da norma, entre as várias ações possíveis para concretização da ordem de proteção, apenas encontra-se vinculada à eficiência dessas mesmas ações no alcance do fim.

2.2.4. *Sistematização da concepção dualista*

DIREITOS FUNDAMENTAIS (Direitos a algo)

I) Direitos de defesa (direitos a ações negativas):

- Direitos ao não impedimento de ações;
- Direitos à não afetação de propriedades e situações;
- Direitos à não eliminação de posições jurídicas.

II) Direitos prestacionais (direitos a ações positivas):

- Direitos à proteção;
- Direitos à organização e procedimento;
- Direitos a prestações em sentido estrito (direitos sociais fundamentais).

Capítulo III

A indivisibilidade dos direitos fundamentais: proposta de um sistema unitário de compreensão

3.1. Necessidade teórica de nova proposta de compreensão dos direitos fundamentais: os efeitos contra os direitos fundamentais decorrentes da teoria dualista

A compreensão dos direitos fundamentais, como categoria jurídica cindível em dois grupos estruturalmente diferentes, acabou por gerar efeitos deletérios no que se refere à efetivação de parte relevante dos direitos do homem, qual seja, os direitos fundamentais sociais, no momento em que estabeleceu hierarquia valorativa entre os dois grupos, criando regimes específicos e princípios somente aplicáveis a determinados direitos e relegando outras posições jurídicas a um segundo plano, no que diz respeito à incorporação dos direitos ao patrimônio jurídico e concreto dos cidadãos.[117]

[117] Nesse sentido, em 1946, PIERO CALAMANDREI, para quem o grande problema relacionado aos direitos sociais não é o de inseri-los nas Constituições, mas o de evitar que esses direitos se transformem em meros enunciados teóricos, sem reflexos na vida prática dos titulares, promessas de incerto cumprimento (Introdução à 2ª edição do livro *Diritti de libertà*, de Francesco Ruffini. Firenze: La nuova Itália, 1975, p. XXXIX).

Deve-se a Jorge Miranda[118] a abordagem pioneira do fenômeno referente ao tratamento doutrinário dos direitos sociais, ao constatar a dificuldade em se conceber regime jurídico aplicável aos direitos econômicos, sociais e culturais. Tal situação decorre, em parte, do tratamento não uniforme que se atribui aos direitos fundamentais e, por outro lado, da novidade dos direitos sociais e difusos, o que acabou por redundar em reduzida elaboração dogmática sobre estes direitos, fenômenos determinantes à não previsão, na Constituição portuguesa (situação que se repete em quase a totalidade das demais Constituições mundiais), de regime sistemático explícito dos direitos econômicos, sociais e culturais semelhante ao regime de direitos, liberdades e garantias, tanto no plano substantivo como nos demais planos.[119] O mestre português avança com a proposição de princípios e regras comuns a todos os direitos fundamentais (*regime geral dos direitos fundamentais*), beneficiando-se os direitos econômicos, sociais e culturais de regras idênticas àquelas aplicáveis aos direitos, liberdades e garantias, "por modelação de princípios gerais do ordenamento jurídico".[120]

Ao conferir tratamento doutrinário constitucionalmente válido a esses direitos, Jorge Miranda formula diversas proposições que têm por objetivo clarificar o regime específico aos direitos econômicos, sociais e culturais, as quais podem ser assim indicadas:

---

118 Dentre a vasta e mundialmente importante obra doutrinária de Jorge Miranda, elegeram-se três trabalhos para a análise do pensamento do autor sobre o tema: 1) *Manual de Direito Constitucional,* Tomo IV, 3. ed.; 2) Regime específico dos direitos económicos, sociais e culturais. In: *Estudos Jurídicos e Económicos em homenagem ao Professor João Lumbrales*. Edição da Faculdade de Direito da Universidade de Lisboa. Coimbra: Coimbra, 2000; 3) A abertura constitucional a novos direitos fundamentais. In: *Estudos em homenagem ao Professor Doutor Manuel Gomes da Silva*. Op. cit, 2000.

119 MIRANDA, Jorge. *Regime específico dos direitos económicos, sociais e culturais,* p. 345.

120 Idem, p. 347.

I) **Regime jurídico geral dos direitos fundamentais**: todos os direitos fundamentais, independentemente da classificação que se atribua, exteriorizam a eficácia imediata de vinculação ao seu conteúdo essencial, não sendo lícito à atividade legislativa ou administrativa infraconstitucional retirar-lhe ou inverter-lhe o seu sentido útil ou *"pôr em causa qualquer princípio constitucional que neles haja de se reflectir"*. Ou seja, em relação ao conteúdo essencial dos *direitos econômicos, sociais e culturais*, aplicam-se as mesmas regras constitucionalmente previstas aos *direitos, liberdades e garantias*, inclusive no que se refere à proteção jurisdicional;[121]

II) **Eficácia imediata dos direitos fundamentais sociais, quando presentes os pressupostos de fato**: se o ingresso em vigor das normas constitucionais concessivas dos direitos sociais encontrar presentes os pressupostos de fato para sua efetivação (econômicos, financeiros e institucionais), esses direitos podem ser considerados de aplicação imediata, *"mesmo se o reconhecimento desses pressupostos e, por vezes, a determinação ou determinabilidade das normas exigem uma intervenção do legislador"*. Com isso se reconhece a existência de eficácia jurídica obrigatória aos direitos sociais, retirando-os da exclusiva esfera programática, contribuindo-se decisivamente à efetivação social desses direitos;[122]

III) **Eficácia horizontal dos direitos econômicos, sociais e culturais**: trata-se da eficácia dos direitos econômicos, sociais e culturais em relação aos particulares, no momento em que essas normas acabam por impor obrigações aos particulares (eficácia imediata dos direitos fundamentais) e limitar o exercício

[121] MIRANDA, Jorge. Op. cit., p. 347.

[122] Ibidem.

de outros direitos constitucionalmente previstos (convivência dos direitos);[123]

IV) **Regime jurídico específico dos direitos econômicos, sociais e culturais**: a partir da interpretação sistêmica da Constituição, é possível a formulação de regime jurídico específico aos direitos econômicos, sociais e culturais. Uma das primeiras regras desse regime reporta-se à obrigação que se impõe ao Estado de promover a concretização desses direitos (*tarefa fundamental*), traduzindo-se nas *incumbências*, que são ações que devem ser praticadas pelo Estado para incorporar os direitos constitucionalmente previstos ao patrimônio concreto do cidadão, sendo, portanto, verdadeiras "*imposições constitucionais*" (correções das desigualdades na distribuição da riqueza, por exemplo). Outra característica dos direitos econômicos, sociais e culturais refere-se à vinculação dessa espécie de norma: há uma responsabilização do Estado e da sociedade civil para que desenvolvam atividades direcionadas à efetivação dos direitos;[124]

V) **Regime jurídico específico dos direitos econômicos, sociais e culturais**: a reserva do possível e o mínimo essencial dos direitos econômicos sociais e culturais. A dependência da realidade constitucional. Reconhece Jorge Miranda a incidência do princípio da reserva do possível aos direitos econômicos, sociais e culturais (ajustamento do socialmente desejável ao economicamente possível), uma vez que o caráter principiológico dos direitos fundamentais subordina-os às condições econômicas vigentes quando da aplicação da norma jurídica. Como regra, todavia, o conteúdo essencial de todos os direitos "*deverá sempre ser assegurado, e só o que estiver para além dele poderá*

[123] MIRANDA, Jorge. Op. cit., p. 347

[124] Idem, p. 352.

deixar ou não de o ser em função do juízo que o legislador vier a emitir sobre a sua maior ou menor relevância dentro do sistema constitucional e sobre as suas condições de efectivação". Trata-se, ao fim, de uma questão de harmonização e de concordância prática entre os diversos direitos constitucionais e os meios concretos disponíveis para a efetivação, não se reportando à teoria das restrições (aplicável aos direitos, liberdade e garantias), mas, à avaliação dialética entre direitos e recursos disponíveis;[125]

VI) **Regime jurídico específico dos direitos econômicos, sociais e culturais e o princípio da universalidade dos direitos fundamentais.** No que se refere à aplicação do princípio da universalidade aos direitos econômicos, sociais e culturais, salienta Jorge Miranda que a medida do gozo desses direitos deve ser trabalhada a partir do princípio da igualdade material, ou seja, tendo-se por objetivo diminuir as desigualdades econômicas e sociais, o que determina que as incumbências públicas *"correlativas da sua realização admitem alguma adequação em função das condições concretas dos seus beneficiários"*;[126]

VII) **Regime jurídico específico dos direitos econômicos, sociais e culturais e o princípio do não retorno da concretização.** A relação entre a efetivação dos direitos econômicos, sociais e culturais e a atividade legislativa infraconstitucional do Estado é estreita, ao contrário do que ocorre com os direitos, liberdades e garantias, verificando-se *"uma integração dinâmica das normas constitucionais e das normas legais"*. Dessa relação é que surge o princípio do não retorno da concretização, nomenclatura atribuída por Jorge Miranda à impossibilidade de revogação não razoável de normas

125 MIRANDA, Jorge. Op. cit., p. 353.

126 Idem, p. 354/355.

infraconstitucionais concretizadoras dos direitos econômicos, sociais e culturais, traduzindo importante eficácia jurídica dessa espécie de direito.[127] A questão da aplicabilidade do princípio do não retorno da concretização foi enfrentada pelo acórdão nº 509/2002, do Tribunal Constitucional português, quando do julgamento da questão envolvendo alteração do diploma do rendimento mínimo garantido. Basicamente, esses são os dados relevantes do processo: a) diploma questionado perante o Tribunal Constitucional: Decreto da Assembleia da República nº 18/IX, que estabelece como titulares ao mesmo benefício apenas as pessoas com idade *igual ou superior a 25 anos*; b) Lei que teve sua revogação pelo mencionado Diploma legal questionada: Lei nº 19-A/96, a qual reconhece como titulares do direito mínimo garantido os indivíduos com idade *igual ou superior a 18 anos*. A linha argumentativa do voto vencedor enfrentou as seguintes questões constitucionais relevantes: a) incidência, ou não, do princípio da proibição do retrocesso; b) violação, ou não, do princípio da igualdade; c) por fim, violação do direito a um mínimo de existência condigna inerente ao princípio do respeito da dignidade humana. Não obstante, ao final, o fundamento do Tribunal Constitucional para declarar inconstitucional a norma questionada fosse outro (*ofensa ao conteúdo mínimo do direito a um mínimo de existência condigna*), a questão da proibição do retrocesso social foi amplamente debatida no julgamento, constituindo-se o acórdão em importante paradigma sobre o tema.[128]

[127] MIRANDA, Jorge. Op. cit., p. 357/358.

[128] O princípio do não retorno da concretização, também conhecido como "princípio da proibição do retrocesso social", encontrou acolhida na jurisprudência do STF: ARE 639337 AgR/SP, Rel. Min. Celso de Mello, Seguda Turma, julgado em 23/08/2011; RE 351750/RJ, Rel. Min. Marco Aurélio, Relator(a) p/ Acórdão: Min. CARLOS BRITTO, Primeira Turma, julgado em 17/03/2009; ADC 29/DF,

A posição doutrinária de Jorge Miranda, quanto aos regimes dos direitos fundamentais, pode assim ser sistematizada:

DIREITOS FUNDAMENTAIS

I) **Regime jurídico geral dos Direitos Fundamentais**: conjunto de princípios e regras constitucionais aplicável a todos os direitos fundamentais;

II) **Regime jurídico específico dos direitos, liberdades e garantias**: conjunto de princípios e regras constitucionais aplicável somente aos direitos, liberdades e garantias;

III) **Regime jurídico específico dos direitos econômicos, sociais e culturais**: conjunto de princípios e regras constitucionais aplicável somente aos direitos econômicos, sociais e culturais.

A compreensão fragmentada dos direitos fundamentais (direitos negativos, de um lado; direitos positivos, de outro), sem a previsão de um regime jurídico geral, não permitiu que se constatasse a interligação entre as estruturas variáveis de todos os direitos fundamentais, nas quais cada vez mais a eficácia concreta de certa posição jurídica constitucional, independentemente de seu núcleo essencial, é dependente de pluralidade incindível de condutas comissivas e omissivas, as quais têm por destinatários tanto o Estado como o particular. Assim, não se questiona que o direito à liberdade (típico direito negativo) encontra-se intimamente interligado com o direito à segurança pública (direito prestacional); que o direito à liberdade de expressão é dependente do direito à educação; ou "o direito fundamental à vida, de que o direito à saúde representa um indissociável consectário" (voto do Ministro do STF Celso de Mello proferido na STA 175-AgR).

Rel. Min. Luiz Fux, julgado em 16/02/2012, Tribunal Pleno; ADI 4543 MC/DF, Rel. Min. Cármen Lúcia, julgado em 19/10/2011, Tribunal Pleno.

Talvez não conscientemente, essa postura acaba por compreender somente os direitos negativos como direitos subjetivos, transformando os direitos positivos em meras expectativas constitucionais, sem que se faça acompanhar os direitos dos necessários instrumentos jurídicos de efetivação, particularmente o acesso aos tribunais. Conforme ensina Reis Novais,[129] o grande erro da doutrina tradicional foi "ter-se centrado acirradamente numa distinção classificatória – direito de liberdade ou direito social – como pretenso critério de diferenciação dogmática, não atendendo àquilo que, de facto e de direito, distingue a aplicabilidade dos direitos fundamentais."

Ao mesmo tempo em que se confere eficácia imediata aos direitos negativos, relegam-se os direitos prestacionais a intermináveis divagações doutrinárias e jurisprudências, discutindo-se desde sua (in)capacidade de gerar pretensões concretas por parte do cidadão até intrincadas questões relacionadas à *reserva do possível*, conjunto de problemas que acaba por produzir a imprecisão do próprio caráter das normas constitucionais.

Esta visão extremada sobre a dualidade dos direitos fundamentais acarreta, no entender de Jorge Miranda,[130] além da desvalorização dos direitos sociais, a gradual perda de eficácia das próprias normas constitucionais, no momento em que são remetidas exclusivamente ao domínio da política legislativa, retirando-se importante caráter normativo das disposições constitucionais.

Parece ser momento de superação desses paradigmas tradicionais, para buscar-se, na unicidade dos direitos fundamentais, importante fórmula de integração e efetivação dessas categorias jurídicas, de modo a impedir a catalogação global e estanque dos direitos, pois somente

[129] NOVAIS, Jorge Reis. *Direitos sociais. Teoria jurídica dos direitos sociais enquanto direitos fundamentais.* Coimbra: Coimbra, 2010, p. 265.

[130] MIRANDA, Jorge. *Manual de Direito Constitucional.* Tomo IV, 2000, p. 114.

"caso a caso, direito a direito, é possível comprovar a sua justeza".[131]

3.2. A compreensão "principiológica": uma podição teórica a favor dos direitos fundamentais

A compreensão principiológica dos direitos fundamentais demonstra ser postura teórica em favor dos direitos fundamentais, no momento em que permite a visualização sistêmica e integral de todos os direitos fundamentais, superando critérios diferenciatórios entre os direitos que, ao final, têm todos como objetivo essencial a proteção da dignidade da pessoa humana, traduzindo comandos de potencialização no que se refere à proteção concreta dos respectivos núcleos essenciais. Nesse sistema, as normas jurídicas são subdivididas em princípios e regras.

Para Alexy, tanto as regras como os princípios são normas jurídicas, porque ambos dizem o que deve ser, ou seja, são razões para juízos concretos de dever *ser*, formuladas com a ajuda das expressões deônticas fundamentais, como mandamento, permissão e proibição.[132]

Podem ser encontrados diversos critérios para a distinção entre regras e princípios, dentre os quais avulta o da generalidade, segundo o qual os princípios são normas de grau de generalidade relativamente alto, enquanto as regras são normas com baixo grau de generalidade. Assim, a diferenciação entre princípios e regras deve ser buscada diretamente no comando normativo: os princípios não têm preocupação ou vinculação com a concretude da relação jurídica, determinando seu grau de generalidade uma aplicabilidade mais difusa; as regras, ao contrário, possuem vocação ligada à regulamentação concreta e específica das

---

[131] MIRANDA, Jorge. op. cit., 2000, p. 114.

[132] ALEXY, Robert. *Teoría de los derechos fundamentales.* Madrid: Centro de estudios constitucionales, 2002, p. 83.

relações jurídicas, afastando a generalidade de seus comandos.

Os princípios são *mandados de otimização*, caracterizados pelo fato de que podem ser cumpridos em diferentes graus. A medida devida de seu cumprimento não somente depende das possibilidades reais mas também das jurídicas: os princípios ordenam que algo deva ser realizado na maior medida possível, não contendo mandados definitivos senão somente *prima facie*. As regras, por seu turno, são normas que somente podem ser cumpridas ou não, pois a aplicabilidade de certa regra somente pode ser afastada pelo critério da invalidade, pois regras contêm determinações possíveis de serem cumpridas, no âmbito do fato e no âmbito jurídico, traduzindo uma razão definitiva.[133]

Esta distinção proposta, ainda segundo Alexy, fica evidente quando da solução dos conflitos de princípios e dos conflitos de regras: os conflitos de regras solucionam-se adequadamente quando inserida em uma das regras cláusula de exceção que elimine o conflito. Se semelhante solução não for possível, pelo menos uma das regras deve ser declarada inválida, com sua consequente eliminação do mundo jurídico, critério que não é graduável, pois ou a norma vale ou não vale juridicamente, sendo irrelevantes apreciações quanto a sua validez social ou importância no interior do ordenamento jurídico.[134] Aplicam-se, no caso, os preceitos conhecidos para a solução de conflitos de normas, como a *lex posterior derogat legis priori* e *lex specialis derogat legis generali*.

Diferente é a solução que se deve atribuir ao conflito de princípios, o qual não se estabelece no plano da validez (conflito de regras), mas na dimensão do peso. Ou seja, quando dois princípios jurídicos entram em colisão irreversível, um deles obrigatoriamente tem de ceder diante

[133] ALEXY, Robert. op. cit., 2002, p. 86/87.

[134] Idem, p. 88.

do outro. Isso não significa, porém. que haja a necessidade de ser declarada a invalidade de um dos princípios, senão que, sob determinadas condições, um princípio tem mais peso ou importância do que outro e, em outras circunstâncias, poderá suceder o inverso.[135]

Relativamente aos *princípios*, ao contrário, em virtude da dimensão de peso que lhes é inerente, a decisão que afastar certo princípio em determinada situação não implica identificá-lo como "inválido", mas, simplesmente, leva à conclusão sobre a maior importância de outro princípio naquele caso concreto, situação que poderá não se repetir em conjunturas futuras: a ponderação entre todos os princípios envolvidos, com a eleição daquele com maior peso na situação específica.

Importa ressaltar que a solução de conflito entre normas constitucionais, adotando-se a técnica da ponderação do peso, implica solução presidida pelas circunstâncias do caso concreto, não se podendo, em consequência, estabelecer hierarquia abstrata entre os diversos direitos constitucionalmente elencados, a qual, se aceita, conduziria à absolutização de alguns direitos em detrimento de outros. Um princípio que teve sua prevalência determinada em algum caso julgado pode ceder esta posição frente a outras circunstâncias, em outro processo.[136]

A partir disso, o caráter principiológico dos direitos fundamentais implica entendê-los como mandados de oti-

---

[135] ALEXY, Robert. op. cit., 2002, p. 89.

[136] Veja-se que os conflitos entre direitos constitucionais são frequentes na sociedade moderna. Como exemplo que se encontra na comunicação social, pode ser citada a questão do sigilo da investigação policial, que se contrapõe, no caso concreto, aos direitos dos arguidos (ampla defesa). De modo semelhante, a questão da prisão preventiva, em conflito concreto com o direito à liberdade. A razoabilidade de tais medidas somente pode ser apurada no caso concreto, mediante a ponderação dos direitos litigiosos, ponderação esta que necessariamente é presidida pelas circunstâncias que somente podem ser as do fato. A solução destes (e outros) conflitos mediante a aplicação do critério do tudo ou nada (campo da validade) implicaria o aniquilamento total de alguns direitos frente a outros, o que não traduz solução democraticamente admissível.

mização, vale dizer, cláusulas que determinam, em abstrato (*prima facie*), a busca da maior eficácia possível, sendo que a medida exata do devido, em concreto, vai depender das possibilidades reais e jurídicas.

Com isso, a chamada *"reserva do possível"*,[137] aqui entendida como condicionante jurídica ou concreta à efetivação do direito, é elemento que se integra externamente a todos os direitos fundamentais (uma vez que não compõe a estrutura da posição jurídica), independentemente de suas características intrínsecas, e não somente aos direitos prestacionais, como quer fazer parecer a teoria dualista. Desse postulado, decorrente de pronunciamento da Corte Constitucial alemã em 1972 (Sentença nº 33,303), no paradigmático caso dos *numerus clausus*, depreende-se a conclusão de que, em se tratando de pretensões contra o Estado, o particular somente pode exigir da sociedade aquilo que ela, sociedade, pode razoavelmente lhe oferecer em dado momento histórico. Cuidava-se de demanda na qual um cidadão objetivava acesso ao curso universitário de medicina, impugnando a política dos *numerus clausus*, segundo a qual haveria número previamente estabelecido de vagas a serem oferecidas pelas universidades no curso de medicina.

---

[137] Na doutrina a temática pode ser aprofundada consultando-se as seguintes obras: SARLET, Ingo Wolfgang. *A eficácia dos direitos fundamentais*. 11. ed. Porto Alegre: do Advogado, 2012, p. 285 e segs.; NOVAIS, Jorge Reis. *Direitos sociais. Teoria juridica dos direitos sociais enquanto direitos fundamentais*. Coimbra: Coimbra, 2010, p. 103 e segs.; LAZARI, Rafael José Nadim. *Reserva do possível e mínimo existencial*. Curitiba: Juruá, 2012; KELBERT, Fabiana Okchstein. *Reseva do possível e a efetividade dos direitos sociais no direito brasileiro*. Porto Alegre: Livraria do advogado, 2011; PANSIERI, Flávio. *Eficácia e vinculação dos direitos sociais*. São Paulo: Saraiva, 2012, p. 165 e segs. Na jurisprudência, igualmente a questão tem sido enfrentada: STF, ARE 639337 AgR , Rel. Min. Celso de Mello, Segunda Turma, julgamento em 23/08/2011; STF, RE 642536 AgR , Rel. Min. Luiz Fux, Primeira Turma, julgamento em 05/02/2013; STF, ARE 639337, Rel. Min. Celso de Mello, decisão proferida em 21/06/2011; STF, ADPF 45, Rel. Min. Celso de Mello; STF, ARE 639337 AgR, Rel. Min. Celso de Mello, julgamento em 23/8/2011, Segunda Turma; STJ, REsp 811608, Rel. Min. Luix Fux, Primeira Turma, julgamento em 15/05/2007

A reserva do financeiramente possível, pois, não se confunde com simples discussões atreladas à existência ou inexistência de orçamento público para custear uma dada prestação, mas se insere num contexto mais amplo de possibilidades jurídicas e materiais, historicamente contextualidas, de o cidadão direcionar contra a sociedade determinadas pretensões constitucionalmente protegidas, abrindo-se espaço às justificações eventualmente invocadas pelo Poder Público para deixar de garantir um certo nível de acesso aos direitos prestacionais.[138]

O entendimento principiológico implica compreensão dos direitos fundamentais em sua totalidade, vale dizer, como conjunto interligado de proposições constitucionais, as quais se condicionam mutuamente, gerando interdependência incompatível com a visão fragmentada do fenômeno. A Corte Constitucional italiana, na conhecida "Sentenza Baldassare", reafirmou a importância dessa concepção principiológica numa Constituição moderna, consignando que os princípios constitucionais têm validade vinculante superior relativamente a outras normas contitucionais.[139]

Não obstante a indiscutível utilidade para a teoria constitucional, nomeadamente para os direitos fundamentais, a concepção principiológica (sistema de princípios e regras) deve sofrer algumas adaptações à complexidade crescente da sociedade moderna. Com efeito, em uma sociedade pluralista e democrática, as relações intersubjetivas caracterizam-se pela elevada complexidade (culminando na crise do Estado e da Constituição), o que exige soluções criativas que tenham por objetivo último a compatibilização entre os diversos interesses litigiosos.

---

[138] NOVAIS, Jorge Reis. *Direitos sociais. Teoria juridica dos direitos sociais enquanto direitos fundamentais.* Coimbra: Coimbra, 2010, p. 280.

[139] Sentenza nº 1146/1988.

Nesse sentido, a solução de eventuais conflitos entre direitos constitucionais deve ser buscada cada vez mais na conciliação (ponderação) dos diversos valores litigiosos, numa visão de inclusão dos direitos ao sistema constitucional, substituindo-se a solução do "*tudo ou nada*", a qual implica absolutização e exclusão de direitos, pela técnica da ponderação no caso concreto. Mostrando-se adequada a solução do conflito entre regras jurídicas infraconstitucionais no campo da validade, a mesma sistemática revelou-se totalmente insuficiente ante as diferentes e complexas funções desempenhadas pela Constituição.

Supera-se, assim, importante critério de diferenciação entre princípios e regras constitucionais apontado pela doutrina: a forma de solução dos conflitos. Não se pode admitir que o conflito entre duas regras constitucionais seja sempre resolvido no campo da validade, com a necessária exclusão de uma das regras conflituosas do sistema jurídico constitucional (*tudo ou nada*). Este tipo de raciocínio acaba por multiplicar os conflitos sociais. À semelhança do conflito entre princípios, também a superação de antinomias entre regras constitucionais deve levar em conta a necessária ponderação concreta entre os valores litigiosos, privilegiando-se a função promocional do direito na sociedade democrática.

A ponderação, como técnica adequada de superação de conflitos entre normas jurídicas, deve presidir a aplicação das normas constitucionais, tendo-se por objetivo a obtenção de uma concordância prática entre os vários bens e direitos protegidos jurídico-constitucionalmente, independentemente de serem veiculados por meio de princípios ou mediante regras.[140]

---

[140] Luigi Ferrajoli elabora uma crítica à excessiva ampliação do papel da ponderação na interepretação jurisdicional das normas constitucionais: FERRAJOLI, Luigi; STRECK, Lenio Luiz; TRINDADE, André Karam. *Garantismo, hermenêutica e (neo)constitucionalismo. Um debate com Luigi Ferrajoli.* Porto Alegre: Livraria do Advogado, 2012, p. 47 e segs.

Essa ideia de solução das antinomias entre normas constitucionais pode tomar a seguinte forma:

Conflito Constitucional → N_1 x N_2 **Questões envolvidas** → $VN_1 + VN_2 + C$

Técnicas Resolução → **Po** ← **Solução** → **PNx**

Onde:

N_1: primeira Norma Constitucional conflituosa (liberdade de expressão do pensamento, por exemplo);

N_2: segunda Norma Constitucional conflituosa (direito à honra, por exemplo);

VN_1: valor sistêmico da primeira Norma Constitucional conflituosa;

VN_2: valor sistêmico da segunda Norma Constitucional conflituosa;

C: circunstâncias elementares do caso concreto;

Po: ponderação entre VN_1, VN_2 e C;

PNx: precedência condicionada de uma das normas constitucionais, tendo-se em vista o resultado da operação anterior (Po).

3.3. A compreensão unitária dos direitos fundamentais: a indivisibilidade como nota de uma sociedade marcadamente e pluralista

A incindibilidade dos direitos fundamentais e a inexistência de diferenças estruturais entre os variados tipos de direitos determinam a superação dos modelos teóricos embasados na separação estanque entre as esferas dos direitos sociais (*positivos ou prestacionais*) e dos direitos de liberdade (*negativos*), afirmando-se a aplicabilidade imediata de todas as normas constitucionais, a partir da unidade de sentido dos direitos fundamentais, fenômeno denominado de *revolução copernicana da juspublicística por Jorge Miranda,*[141] prquanto são as normas constitucionais que vinculam toda a atividade estatal infraconstitucional, e não o contrário.

A hermenêutica jurídico-constitucional deve pressupor a ideia de que a Constituição é sistema aberto: conjunto interligado de princípios e regras que devem manter entre si vínculo de essencial coerência, de modo a evitar contradições entre as suas disposições, conferindo-se a máxima eficácia aos direitos fundamentais.

Com efeito, no atual estágio da evolução dos direitos fundamentais, no qual a inserção dos novos direitos, com marcadas noções difusas, é nota essencial, todos os direitos apresentam, simultaneamente, características negativas e positivas, pois exigem, para concretização, complexo conjunto de ações/omissões por parte do Poder Público e dos particulares, a exteriorizar interligação dialética constante entre os diversos núcleos protegidos, ficando aberto o caminho para a reconstrução da teoria dos direitos fundamentais, *"tanto em razão do alargamento e do enriquecimento da figura, como em razão da unificação jurídica do respectivo conceito"*.[142]

A diferença entre direitos negativos e direitos positivos é meramente de grau, uma vez que em ambos há expectativas negativas e positivas,[143] pois o fato de os direitos sociais buscarem sua fonte no princípio da igualdade, o qual, por sua vez, é pressuposto da liberdade, demonstra,

[141] Prefácio da obra *Direitos humanos*. FERREIRA DA CUNHA, Paulo (org.). Coimbra: Almedina, 2003, p. 11.

[142] PEREIRA DA SILVA, Vasco. *Verde cor de Direito – lições de direito do ambiente*. Coimbra: Almedina, 2002, p. 89.

[143] FERRAJOLI, Luigi. Prólogo do livro *Los derechos sociales como derechos exigibles*, de Victor Abramovich e Christian Courtis. Madrid: Trotta, 2002, p. 10.

segundo Manlio,[144] que as particularidades existentes entre os diversos direitos não devem ser concebidas como antagônicas e excludentes, mas como complementares à efetivação da dignidade humana, percebendo-se entre as duas categorias de direitos implicação recíproca: a garantia dos direitos de liberdade é condição para que as prestações sociais do Estado possam ser objeto de direito individual; a garantia dos direitos sociais é condição para o bom funcionamento da democracia, bem como para efetivo exercício das liberdades civis e políticas.[145] Esta complementaridade entre os direitos decorre daquilo que Haberle[146] denomina *tríade constitucional,* na qual se embasam os direitos fundamentais (especialmente os direitos sociais), a saber: a) princípio da dignidade da humana; b) princípio democrático; c) compreensão (cultural e socialmente integrante) da Constituição.

Essa interligação entre os diversos tipos de direitos fundamentais pode ser representada da seguinte forma, no que se refere às expectativas positivas (ação estatal) e negativas (omissão estatal) que se fazem presentes:

---

[144] MANLIO, Mazziotti. *Enciclopedia de diritto, verbete diritti sociali.* Milano: Giuffrè editore, vol. XII, 1964, p. 802/807.

[145] No mesmo sentido, entendendo que as diferenças entre os diversos tipos de direitos fundamentais são meramente aparentes, LOMBARDI, Giorgio. *Diritti de libertà e diritti sociali.* In. Politica del diritto, vol. XXX, nº 1, mar 1999, Bolognha: il Mulino, p. 13. Sobre a tendência constitucional de superação da separação estanque entre direitos de liberdade e direitos sociais, inclusive com apoio em decisão do Tribunal Europeu dos direitos humanos, compreendendo o reconhecimento dos direitos fundamentais, em sua totalidade, como manifestação obrigatória da primazia do valor constitucional último, qual seja, a dignidade da pessoa humana, colhe-se o ensinamento de FERNANDEZ SEGADO, Francisco. *El sistema constitucionla espãnol.* Madrid: Dykinson, 1992, p. 174. Sobre o conceito de dignidade humana, veja-se: HABERMAS, Jürgen. *Um ensaio sobre a constituição da Europa.* Lisboa: edições 70, 2012, p. 27 e seguintes.

[146] HABERLE, Peter. *Dignita'dell'uomo e diritti sociali nelle constituzioni degli stati di diritto.* In. *Constituzione e diritti sociali.* BORGHI, Marco (org). Universitaires Fribourg Suisse, 1990, p. 100 (99/114).

I – DIREITOS DE LIBERDADE
- Expectativa negativa: $0 < 100$
- Expectativa positiva: $0 > 100$

II – DIREITOS PRESTACIONAIS
- Expectativa negativa: $0 > 100$
- Expectativa positiva: $0 < 100$

Onde:

0 significa a presença mínima da expectativa respectiva;

100 significa a presença máxima da expectativa respectiva.

Nos direitos de liberdade (vida, propriedade privada, por exemplo), encontra-se presença maior da expectativa negativa e menor da expectativa positiva, enquanto nos direitos prestacionais (educação, saúde, segurança pública, por exemplo) ocorre o inverso, ou seja, maior presença da expectativa positiva e menor presença da expectativa negativa. Essas diferenças, porém, são tão somente de grau (aproximação de um dos extremos), e não de estrutura, pois em todos os direitos haverá, sempre, a presença de ambas as expectativas, em diferentes graus.

Além dessa conexão entre as diferentes expectativas, percebe-se clara interligação estrutural entre os próprios núcleos essenciais dos direitos, no momento em que o cumprimento gradual de um direito positivo implica satisfação proporcional dos direitos de liberdade, sendo certo que, ao contrário, os direitos de liberdade são pressupostos para o gozo dos direitos prestacionais. Esta dialética entre todos os direitos fundamentais acaba por gerar a impossibilidade de exercício de direitos de liberdade que não em consonância com os direitos prestacionais. Vale dizer, o não cumprimento de determinado direito positivo (que exige prestação fática ou jurídica) ofende a integralidade dos direitos fundamentais, não mais sendo adequada a proposição que informa ser a omissão o único modo de efetivação dos direitos de liberdade. Exemplo: relação que se estabelece entre o direito de liberdade e o direito à saúde.

Um dos argumentos fortemente utilizados para sustentar a diversidade de regime entre direitos de liberdade e direitos sociais reporta-se à submissão absoluta dos direitos sociais ao princípio da reserva do possível, situação que não se repetiria em relação aos direitos de liberdade, residindo nesse fator a diferença estrutural entre os direitos fundamentais. Os problemas práticos surgidos com a efetivação dos direitos sociais (ausência de vontade política,[147] escassez de recursos humanos, materiais e financeiros etc.) não se reportam à estrutura do direito, mas a questões externas que condicionam não somente os direitos sociais, mas todos os direitos fundamentais, sendo adequadamente constitucional "uma dogmática abrangendo unitariamente direitos de liberdade e direitos sociais".[148]

O caráter principiológico dos direitos fundamentais implica entendê-los como mandados de otimização, vale dizer, cláusulas que determinam, em abstrato (*prima facie*), a busca da maior eficácia possível, sendo que a medida exata do devido, em concreto, vai depender das possibilidades reais e jurídicas. Com isso, a chamada "*reserva do possível*", aqui entendida como condicionante jurídica ou concreta à efetivação do direito, é elemento que se integra a todos os direitos fundamentais, independentemente de suas características intrínsecas.

Dessa forma, a compreensão unitária dos direitos fundamentais embasa-se nos seguintes postulados:

[147] Sobre a debilidade política e teórica relacionada aos direitos sociais, que gerou, nos últimos vinte anos, uma série de ataques e restrições políticas aos direitos promocionais, veja-se o ensinamento de FERRAJOLI, Luigi. Prólogo do livro *Los derechos sociales como derechos exigibles*, de Victor Abramovich e Christian Courtis. Madrid: Trotta, 2002, p. 9.

[148] NOVAIS, Jorge Reis. *Direitos sociais. Teoria juridica dos direitos sociais enquanto direitos fundamentais.* Coimbra: Coimbra, 2010, p. 301.

• Caráter incindível dos direitos fundamentais, decorrente da unidade de sentido constitucional;

• Inexistência de diferenças estruturais entre os distintos tipos de direitos fundamentais, dada a presença das diferentes expectativas (positivas e negativas), em maior ou menor grau, em todos os direitos fundamentais;

• Interligação sistêmica e dialética entre todas as espécies de direitos fundamentais, implicando comprometimento recíproco dos direitos no que se refere à efetivação;

• Caráter principiológico de todos os direitos fundamentais, implicando entendê-los como mandados de otimização, sendo que a medida exata do devido, em concreto, vai depender das possibilidades reais e jurídicas. Com isso, a chamada "*reserva do possível*" é elemento que se integra externamente (plano da eficácia) a todos os direitos fundamentais, independentemente de suas características intrínsecas, uma vez não compor a a estrutura formadora do direito fundamental;

• Inadequação de teorias classificatórias que tenham por embasamento teórico a compartimentalização estanque dos direitos fundamentais.

Semelhante linha de compreensão restou acolhida pelo Supremo Tribunal Federal, em julgamento paradigmático (STA 175, Plenário, 17/03/2010),[149] no qual o Relator, Ministro Gilmar Mendes, desenvolve importantíssima

[149] Ementa: "Suspensão de Segurança. Agravo Regimental. Saúde pública. Direitos fundamentais sociais. Art. 196 da Constituição. Audiência Pública. Sistema Único de Saúde – SUS. Políticas públicas. Judicialização do direito à saúde. Separação de poderes. Parâmetros para solução judicial dos casos concretos que envolvem direito à saúde. Responsabilidade solidária dos entes da Federação em matéria de saúde. Fornecimento de medicamento: Zavesca (*miglustat*). Fármaco registrado na ANVISA. Não comprovação de grave lesão à ordem, à economia, à saúde e à segurança públicas. Possibilidade de ocorrência de dano inverso. Agravo regimental a que se nega provimento." (www.stf.jus.br).

argumentação tendente à concessão de efetividade concreta aos direitos sociais (no caso, direito à saúde). Não obstante o objeto principal do recurso levado ao Plenário do STF não tenha sido o direito material (já que se cuidava de suspensão de segurança), decorrem do voto do Ministro Relator, acompanhado à unanimidade, balizas que deverão orientar a jurisprudência constitucional brasileira no tema. Com efeito, a questão central discutida no acórdão busca definir se, como e em que medida o direito constitucional à saúde se traduz em direito subjetivo público a prestações positivas do Estado, passível de garantia pela via judicial. A unicidade estrutural dos direitos fundamentais é reconhecida expressamente pelo Relator: "*embora os direitos sociais, assim como os direitos e liberdades individuais, impliquem tanto direitos a prestações em sentido estrito (positivos), quanto direitos de defesa (negativos), e ambas as dimensões demandem o emprego de recursos públicos para a sua garantia, é a dimensão prestacional (positiva) dos direitos sociais o principal argumento contrário a sua judicialização*".

Em outra oportunidade, quando do julgamento da constitucionalidade da lei da ficha limpa (Lei Complementar 135/2010),[150] o Supremo Tribunal Federal uma vez

---

[150] STF, RE 633703, Rel. Min. Gilmar Mendes, Tribunal Pleno, julgamento em 23/3/2011: "LEI COMPLEMENTAR 135/2010, DENOMINADA LEI DA FICHA LIMPA. INAPLICABILIDADE ÀS ELEIÇÕES GERAIS 2010. PRINCÍPIO DA ANTERIORIDADE ELEITORAL (ART. 16 DA CONSTITUIÇÃO DA REPÚBLICA). I. O PRINCÍPIO DA ANTERIORIDADE ELEITORAL COMO GARANTIA DO DEVIDO PROCESSO LEGAL ELEITORAL. O pleno exercício de direitos políticos por seus titulares (eleitores, candidatos e partidos) é assegurado pela Constituição por meio de um sistema de normas que conformam o que se poderia denominar de devido processo legal eleitoral. Na medida em que estabelecem as garantias fundamentais para a efetividade dos direitos políticos, essas regras também compõem o rol das normas denominadas cláusulas pétreas e, por isso, estão imunes a qualquer reforma que vise a aboli-las. O art. 16 da Constituição, ao submeter a alteração legal do processo eleitoral à regra da anualidade, constitui uma garantia fundamental para o pleno exercício de direitos políticos. Precedente: ADI 3.685, Rel. Min. Ellen Gracie, julg. em 22.3.2006. A LC 135/2010 interferiu numa fase específica do processo eleitoral, qualificada na jurisprudência como a fase pré-eleitoral, que se inicia com a escolha e a apresentação das candidaturas pelos partidos políticos e vai até o registro das can-

mais teve a oportunidade de visitar a temática referente à importância dos direitos fundamentais em nosso sistema constitucional (princípio da anterioridade eleitoral, devido

---

didaturas na Justiça Eleitoral. Essa fase não pode ser delimitada temporalmente entre os dias 10 e 30 de junho, no qual ocorrem as convenções partidárias, pois o processo político de escolha de candidaturas é muito mais complexo e tem início com a própria filiação partidária do candidato, em outubro do ano anterior. A fase pré-eleitoral de que trata a jurisprudência desta Corte não coincide com as datas de realização das convenções partidárias. Ela começa muito antes, com a própria filiação partidária e a fixação de domicílio eleitoral dos candidatos, assim como o registro dos partidos no Tribunal Superior Eleitoral. A competição eleitoral se inicia exatamente um ano antes da data das eleições e, nesse interregno, o art. 16 da Constituição exige que qualquer modificação nas regras do jogo não terá eficácia imediata para o pleito em curso. II. O PRINCÍPIO DA ANTERIORIDADE ELEITORAL COMO GARANTIA CONSTITUCIONAL DA IGUALDADE DE CHANCES. Toda limitação legal ao direito de sufrágio passivo, isto é, qualquer restrição legal à elegibilidade do cidadão constitui uma limitação da igualdade de oportunidades na competição eleitoral. Não há como conceber causa de inelegibilidade que não restrinja a liberdade de acesso aos cargos públicos, por parte dos candidatos, assim como a liberdade para escolher e apresentar candidaturas por parte dos partidos políticos. E um dos fundamentos teleológicos do art. 16 da Constituição é impedir alterações no sistema eleitoral que venham a atingir a igualdade de participação no prélio eleitoral. III. O PRINCÍPIO DA ANTERIORIDADE ELEITORAL COMO GARANTIA CONSTITUCIONAL DAS MINORIAS E O PAPEL DA JURISDIÇÃO CONSTITUCIONAL NA DEMOCRACIA. O princípio da anterioridade eleitoral constitui uma garantia fundamental também destinada a assegurar o próprio exercício do direito de minoria parlamentar em situações nas quais, por razões de conveniência da maioria, o Poder Legislativo pretenda modificar, a qualquer tempo, as regras e critérios que regerão o processo eleitoral. A aplicação do princípio da anterioridade não depende de considerações sobre a moralidade da legislação. O art. 16 é uma barreira objetiva contra abusos e desvios da maioria, e dessa forma deve ser aplicado por esta Corte. A proteção das minorias parlamentares exige reflexão acerca do papel da Jurisdição Constitucional nessa tarefa. A Jurisdição Constitucional cumpre a sua função quando aplica rigorosamente, sem subterfúgios calcados em considerações subjetivas de moralidade, o princípio da anterioridade eleitoral previsto no art. 16 da Constituição, pois essa norma constitui uma garantia da minoria, portanto, uma barreira contra a atuação sempre ameaçadora da maioria. IV. RECURSO EXTRAORDINÁRIO CONHECIDO E PROVIDO. Recurso extraordinário conhecido para: a) reconhecer a repercussão geral da questão constitucional atinente à aplicabilidade da LC 135/2010 às eleições de 2010, em face do princípio da anterioridade eleitoral (art. 16 da Constituição), de modo a permitir aos Tribunais e Turmas Recursais do país a adoção dos procedimentos relacionados ao exercício de retratação ou declaração de inadmissibilidade dos recursos repetitivos, sempre que as decisões recorridas contrariarem ou se pautarem pela orientação ora firmada. b) dar provimento ao recurso, fixando a não aplicabilidade da Lei Complementar n° 135/2010 às eleições gerais de 2010." (www.stf.jus.br).

processo legal, princípio da igualdade, função contramajoritária da jurisdição constitucional etc.), ficando assentada a necessidade de uma nova compreensão estruturante dos direitos fundamentais. Esclarecedor, nesse sentido, o que consta no voto do Relator, Ministro Gilmar Mendes:

> "A incindibilidade dos direitos fundamentais e a inexistência de diferenças estruturais entre os variados tipos de direito determinam a superação dos modelos teóricos embasados na separação estanque entre as esferas dos direitos sociais (positivos ou prestacionais) e dos direitos de liberdade (negativos), afirmando-se a aplicabilidade imediata de todas as normas constitucionais, a partir da unidade de sentido dos direitos fundamentais. A diferença entre direitos negativos e direitos positivos é meramente de grau, uma vez que em ambos há expectativas negativas e positivas.
>
> Nesse contexto, os direitos políticos fundametnais apresntam uma estrutura jurídica complexa, pois exteriorizam características negativas (primeira geração) e, ao mesmo tempo, positivas (segunda e terceira gerações). São preponderantemente *direitos fundamentais individuais,* pois garantem esferas de não interferência do Estado no âmbito das autonomias decisórias individuais, mas são exercitáveis mediante a ação garantidora do Estado, o qual deve organizar procedimentos que têm por objetivo instrumentalizar a concreção do exercício dos direitos, como é o caso, por exemplo, das eleições periódicas." (p. 19 – disponível em www.stf.jus.br).

Considerações finais

Esta pesquisa teve por objetivo investigar a evolução classificatória dos direitos fundamentais e, primordialmente, verificar a possibilidade teórica de um sistema de concepção unitária dos direitos fundamentais. A título de considerações finais, colacionam-se algumas proposições relacionadas aos questionamentos inicialmente formulados:

Capítulo I

a) A *teoria geracional* dos direitos fundamentais utiliza a evolução histórica como elemento essencial à própria caracterização e individualização dos direitos fundamentais. Considerando a progressiva afirmação da respectiva juridicidade, parte-se do modelo inicial (consenso sobre a limitação do poder) até o modelo atual (pluralismo democrático com efetiva interligação responsável entre Estado e cidadão). Os direitos fundamentais, com base nesse critério, sofrem tríplice classificação: a) *direitos fundamentais de primeira geração*, os quais têm a liberdade como elemento caracterizador; b) *direitos fundamentais de segunda geração*, direitos identificados com a busca da igualdade material; c) *direitos fundamentais de terceira geração*, complexa estrutura de direitos que têm na solidariedade humana o elemento caracterizador;

b) A concepção *geracional* dos direitos fundamentais pressupõe textura aberta de compreensão dos direitos fundamentais, a qual permite à Constituição incorporar ao seu rol de direitos novos direitos fundamentais decorrentes da evolução da consciência política e jurídica da sociedade. A ideia da abertura dos direitos fundamentais resulta, por um lado, do fato de que nenhum catálogo formal de direitos pode ter a pretensão de esgotar o conteúdo dos direitos fundamentais, sendo adequado supor-se, ainda, a superveniência de gerações de novos direitos não previstos pelo Constituinte quando da elaboração do catálogo formal dos direitos fundamentais;

c) Semelhante modo de compreensão dos direitos fundamentais, ao não exteriorizar caráter suficientemente preciso, não pode ser utilizado como noção jurídica válida. A primeira crítica reside na própria nomenclatura que lhe é atribuída, uma vez que o fenômeno que se observa com os direitos fundamentais é o da acumulação histórica, e não de sucessão. Assim, preservando-se os objetivos dessa classificação (dado histórico), poder-se-ia afirmar que as diversas gerações são diferentes dimensões do mesmo fenômeno, cuja magnitude somente é perceptível em seu conjunto. A segunda crítica reporta-se ao próprio método de classificação dos direitos fundamentais. É discutível a validade dogmática de teoria que, ignorando completamente a estrutura própria dos direitos, utiliza o momento histórico como fator exclusivo de classificação dos direitos fundamentais.

Capítulo II

a) Para a teoria dualista, elemento essencial à classificação dos direitos fundamentais é a posição realizadora do Estado, ao estabelecer interligação entre o conteúdo do direito e a função do Estado diante de sua efetivação. Dessa forma, os direitos fundamentais devem ser classificados, tendo-se presente a função realizadora do Estado, em *direitos negativos* (*liberdades negativas: obrigação de abstenção da interferência na esfera pessoal por parte do Estado)* ou *direitos positivos* (*liberdades positivas: obrigação de intervenção ativa por parte do Estado);*

b) Essencial à classificação dos direitos fundamentais é a posição assumida pelo Estado para sua efetivação. Os direitos de defesa do cidadão frente ao Estado são direitos a ações negativas (omissões) do Estado. Do outro lado da moeda encontram-se os direitos a ações positivas do Estado, cujo conceito engloba todo o direito a ato positivo: todo direito que exige ação do Estado é direito a prestação (positivo), o que determina complexo de ações que apontam, em parte, a prestações fáticas e, em parte, a prestações normativas.

Capítulo III

A compreensão unitária dos direitos fundamentais implica superação de diversos padrões que se encontram consolidados na consciência jurídica internacional, mas constitui caminho necessário a ser trilhado para adequar a teoria dos direitos fundamentais à complexidade da sociedade contemporânea, tendo-se por objetivo a incorporação concreta desses direitos aos patrimônios jurídicos dos destinatários, resultando as seguintes ponderações:

a) A incindibilidade dos direitos fundamentais e a inexistência de diferenças estruturais entre os variados tipos de direitos determinam a superação dos modelos teóricos embasados na separação estanque entre as esferas dos direitos positivos (*ou prestacionais*) e dos direitos de liberdade (*negativos*);

b) O caráter incindível dos direitos fundamentais decorre da unidade de sentido constitucional;

c) A inexistência de diferenças estruturais entre os distintos tipos de direitos fundamentais resulta da presença das expectativas positivas e negativas, em maior ou menor grau, em todos os direitos fundamentais;

d) A interligação sistêmica e dialética entre todas as espécies de direitos fundamentais implica comprometimento recíproco dos direitos, no que se refere à efetivação;

e) O caráter principiológico dos direitos fundamentais implica entendê-los como mandados de otimização, sendo que a medida exata do devido, em concreto, vai depender das possibilidades reais e jurídicas;

f) Inadequação de teorias classificatórias que tenham por embasamento teórico a compartimentalização estanque dos direitos fundamentais.

Referências bibliográficas

Livros

ABRAMOVICH, Victor; COURTIS, Christian. *Los derechos sociales como derechos exigibles.* Madrid: Trotta, 2002.

ALEXANDRINO, José de Melo. A estrutura do sistea de direitos, liberdades e garantias na Constituição portuguesa. Vol. II. Coimbra: Almedina, 2006.

ALEXY, Robert. *Teoria de los derechos fundamentales.* Madrid: Centro de Estudios Constitucionales, 1997.

——. *Teoria dos direitos fundamentais.* São Paulo: Malheiros, 2008.

AMATO, Giuliano; BARBERA, Augusto (org.) *Manuale di diritto pubblico.* 5. ed., Vol. I. Bolognha: il Mulino, 1997.

ANDRADE, José Carlos Viera de. *Os Diretos Fundamentais na Constituição Portuguesa de 1976.* 2. ed. Coimbra: Almedina, 2001.

ARANGO, Rodolfo. *El concepto de derechos sociales fundamentales.* Bogotá: Legis, 2005.

BACHOF, Otto. *Normas constitucionais inconstitucionais?* Coimbra: Almedina, 1994.

BALDASSARRE, Antonio. *Diritti della persona e valori constituzionali.* Torino: G. Giappichelli, 1997.

BARBERA, Augusto. *I principi constituzionali della libertà personale.* Varese: Milano, 1971.

BARILE, Paolo. *Diritti dell'uomo e libertà fondamentali.* Bologna: Mulino, 1984.

BERNAL PULIDO, Carlos. *El princípio de proporcionalidad y los derechos fundamentales.* Madri: Centro de Estudios Políticos y Cosntitucionales, 2003

BERTI, Giorgio. *Interpretazione constituzionale. Lezioni di diritto pubblico.* 4. ed. Padova: Cedan, 2001.

BIAGI, Claudia Perotto. *A garantia do conteúdo essencial dos direitos fundamentais na jurisprudência constitucional brasileira.* Porto Alegre: Sergio Antonio Fabris Editor, 2005.

BILBAO UBILLOS, Juan María. *La eficacia de los derechos fundamentales frente a particulares.* Análisis de la jurisprudencia del Tribunal Constitucional. Madrid: Centro de Estudios Políticos y Constitucionales, 1997.

BIN, Robert. *L'Ultima fortezza.* Teoria della Constituzione e conflitti de attribuzione.

BOLZAN DE MORAIS, Jose Luis. *Do direito social aos interesses transindividuais.* Porto Alegre: Livraria do Advogado, 1996.

CASADO FILHO, Napoleão. *Direitos humanos fundamentais.* São Paulo: Saraiva, 2012.

CANARIS, Claus-Wilhelm. *Direitos fundamentais e direito privado.* Coimbra: Almedina, 2003.

CORDEIRO, Karine da Silva. *Direitos fundamentais sociais* – dignidade da pessoa humana e mínimo existencial. O papel do Poder Judiciário. Porto Alegre: Livraria do Advogado, 2012.

BONAVIDES, Paulo. *Curso de Direito Constitucional.* 7. ed. São Paulo: Malheiros, 1997.

BRAGE CAMAZANO, Joaquin *Los limites de los derechos fundamentales.* Madrid: Dykinson, 2004.

CALLEJÓN, Francisco Balaguer (org.). *Manual de Derecho Constitucional.* 6. ed. Madri: Tecnos, 2011.

CANOTILHO, J. J. Gomes. *Direito Constitucional e Teoria da Constituição.* Coimbra: Almedina, 1998.

CARETTI, Paolo e DE SIERVO, Ugo. *Istituzioni di diritto pubblico.* 3. ed. Torino: G. Giappichelli editore, 1998.

CARLASSARE, Lorenza. *Conversazioni sulla Constituzione.* 2. ed. Padova: Cedan, 2002.

CATELANI, Alessandro e LABRIOLA, Silvano (org.). *La Constituzione materiale. Percorsi culturali e attualità d un'idea.* Milano: Giuffrè editore, 2001.

CUOCOLO, Fausto. *Istituzioni di diritto pubblico.* 6. ed. Milano: Dott. A. Giuffrè Editore, 1990.

D'ALOIA, Antonio. *Eguaglianza sostanziale e diritto diseguale.* Contributo allo studio delle azioni positive nella prospettiva constituzionale. Padova: Cedam, 2002.

DE VERGOTINI, Giuseppe. *Diritto Constituzionale.* 2. ed. Padova: Cedan, 2000.

DURIG, Gunter; NIPPERDEY, Hans Carl; SCHWABE, Jurgen. *Direitos fundamentais e direito privado.* Porto Alegre: Sergio Antonio Fabris Editor, 2012

DWORKIN, Ronald. *Los derechos em serio.* 2. ed. Barcelona: Ariel, 1989.

FARIAS, Domenico. *Crisi dello stato, nuove disuguaglianze e marginalità.* Milano: Dott. A. Giuffrè Editore, 1993.

FERNANDEZ SEGADO, Francisco. *El sistema constitucionla espãnol.* Madrid: Dykinson, 1992.

FERRAJOLI, Luigi.*Derecho y Razón.* 2. ed. Madrid: Trota, 1997.

——. *Los fundamentos de los derechos fundamentales.* Madrid: Trota, 2001.

——. *Diritti fondamentali – um dibattito teorico.* Roma: Laterza, 2002

FERREIRA DA CUNHA, Paulo (org.). *Direitos humanos.* Coimbra: Coimbra, 2003.

FERREIRA FILHO, Manoel Gonçalves. *Direitos humanos fundamentais.* 14. ed. São Paulo: Saraiva, 2012

GAVARA DE CARA, Juan Carlos. *Derechos fundamentales y desarrollo legislativo* – La garantia del contenido esencial de los derechos fundamentales en la Ley Fundamental de Bonn. Madrid: Centro de Estudios Constitucionales.

GOUVEIA, Jorge Bacelar. *Os Direitos Fundamentais atípicos*. Lisboa: Aequitas/ Editorial Notícias, 1995.

HABERLE, Peter. Dignita'dell'uomo e diritti sociali nelle constituzioni degli stati di diritto. In. *Constituzione e diritti sociali*. BORGHI, Marco (org). Universitaires Fribourg Suisse, 1990, p. 99/114.

——. *La garantia del contenido esencial de los derechos fundamentales*. Madri: Dykinson, 2003.

HABERMAS, Jürgen. *Um ensaio sobre a constituição da Europa*. Lisboa: edições 70, 2012,

JORDANO FRAGA, Jesús. La nulidad do los actos que lesionen el contenido esencial de los derechos y libertades fundamentales susceptibles de amparo constitucional. Civitas – *Revista Española de Derecho Administrativo*. Madrid, nº 90, abr/jun 1996.

KÄGI, Werner. *La constitución como ordenamiento jurídico fundamental del estado*. Madri: Dykinson, 2005.

KELBERT, Fabiana Okchstein. *Reseva do possível e a efetividade dos direitos sociais no direito brasileiro*. Porto Alegre: do advogado, 2011.

LAZARI, Rafael José Nadim. *Reserva do possível e mínimo existencial*. Curitiba: Juruá, 2012.

LORENZO RODRÍGUES-ARMAS, Magdalena. *Análisis del contenido esencial de los derechos fundamentales*. Madrid: Comares.

MANLIO, Mazziotti. *Enciclopedia de diritto*. Verbete *diritti sociali*. Milano: Giuffrè Editore, vol. XII, 1964, p. 802/807.

MARTINEZ, Gregório Peces-Barba. *Derechos y Derechos Fundamentales*. Madrid: Centro de Estudios Constitucionales, 1993.

MARTÍNEZ PUJALTE, Antonio-Luis. *La garantía del contenido esencial de los derechos fundamentales*. Madrid: Centro de Estudios Constitucionales, 199.

MENDES, Gilmar. BRANCO, Paulo Gustavo Gonet. *Curso de Direito Constitucional*. 8. ed. São Paulo: Saraiva, 2013.

MIRANDA, Jorge. *Manual de Direito Constitucional*, Tomo IV. 3. ed. Coimbra: Coimbra Editora, 2000.

——. *Manual de direito constitucional*. Direitos fundamentais. Tomo IV. 5. ed. Coimbra: Coimbra, 2012.

MODUGNO, Franco. *I "nuovi diritti" nella giurisprudenza constituzinale*. Torino: G. Giappichalli Editore, 1995.

MORTATI, Constantino. *La constitución em sentido material*. Madri: Centro de Estudios Políticos y Constitucionales, 2000.

NARANJO DE LA CRUZ, Rafael. *Los limites de los derechos fundamentales em las relaciones entre particulares*: la buena fe. Madri: Centro de Estudios Politicos y Constitucionales, 2000.

NOVAIS, Jorge Reis. *Direitos sociais*. Teoria jurídica dos direitos sociais enquanto direitos fundamentais. Coimbra: Coimbra, 2010.

PANSIERI, Flávio. *Eficácia e vinculação dos direitos sociais*. São Paulo: Saraiva, 2012.

PECES-BARBA MARTÍNEZ, Gregório. *Curso de derechos fundamentales*. Teoria general. Madrid: Universidad Carlos III, 1999.

PEREIRA DA SILVA, VASCO. *Verde cor de Direito* – lições de direito do ambiente. Coimbra: Almedina, 2002.

PIEROTH, Bodo; SCHLINK, Bernhard. *Direitos fundamentais*. São Paulo: Saraiva, 2012.

QUEIROZ, Cristina M. M. *Direitos Fundamentais* (Teoria Geral). Coimbra: Coimbra, 2002.

RUFFINI, Francesco. *Diritti de libertà*. Firense: la nuova Itália, 1975.

SAMPAIO, Marcos. *O conteúdo essencial dos direitos sociais*. São Paulo: Saraiva, 2013.

SARLET, Ingo. *A eficácia dos direitos fundamentais*. 11. ed. Porto Alegre: Livraria do Advogado, 2012.

——. *Dignidade da pessoa humana e direitos fundamentais*. 9. ed. Porto Alegre: Livraria do Advogado, 2012.

SCHÄFER, Jairo Gilberto. *Direitos Fundamentais*: proteção e restrições. Porto Alegre: Livraria do Advogado, 2000.

——; CORDEIRO, Karine da Silva. Restrições a direitos fundamentais: considerações teóricas acerca de uma decisão do STF (ADPF 130). In: FEILLET, André Luiz Fernandes; PAULA, Daniel de; NOVELINO, Marcelo. *As novas faces do judicialismo*. Salvador: Jus Podivm, 2011

SCHMITT, Carl. *Teoria de la Constitución*. Madrid: Alianza Editorial, 1996.

SOUSA, Marcelo Rebelo de; ALEXANDRINO, José de Melo. *Constituição da República Portuguesa Comentada*. Lisboa: Lex, 2000.

TORRES, Ricardo Lobo. *O direito ao mínimo existencial*. Rio de Janeiro: Renovar, 2009.

VIEIRA DE ANDRADE, José Carlos. *Os direitos fundamentais na Constituição portuguesa de 1976*. 2. ed., Coimbra: Almedina, 2001.

——. *Os direitos fundamentais na Constituição portuguesa de 1976*. 5. ed. Coimbra: Almedina, 2012.

VILLASENHOR GOYZUETA, Claudia Alejandra. *Contenido esencial de los derechos fundamentales y jurisprudência del tribunal constitucional espanol*. Madri: Universidad Complutense Facultad de Derecho, 2003

WOLFGANG BÖCKENFÖRDE, Ernst. *Escritos sobre Derechos Fundamentales*. Baden-Baden: Nomos Verl.-Ges, 1993.

WOLKMER, Antônio Carlos. *Pluralismo jurídico: fundamentos de uma nova cultura do direito*. São Paulo: Alfa-Omega, 1994.

ZAGREBELSKY, Gustavo. *El derecho dúctil*. 5. ed. Madri: Trotta, 2003.

ZIPPELIUS, Reinhold. *Teoria geral do Estado*. Lisboa: Fundação Calouste Gulbenkian, 1997.

Artigos doutrinários

ALEXY, Robert. *Epílogo a la teoría de los Derechos Fundamentales*. Revista Española de Derecho Constitucional. Madrid: Centro de Estudios Políticos y Constitucionales, nº 66, ano 22, set/dez 2002, p. 13/64.

ALCALÁ, Humberto Nogueira. *Constitución y derecho internacional de los derechos humanos.* Revista da Faculdade de Direito da Universidade de Lisboa. Lisboa: Lex, nº 1, 1996, p. 7-32.

BALAGUER CALLEJÓN, María Luisa. *El contenido esencial del derecho de huelga.* Revista de Derecho Político. Madrid: Universidad Nacional de Educação a Distancia, nº 34, 1991, p. 123-141.

CAMARGO, Ricardo Antônio Lucas. *Os direitos econômicos, sociais e culturais no início da década de noventa.* Revista Jurídica Mineira. Belo Horizonte: Interlivros, nº 104, nov/dez 1993, p. 24-65.

CARMONA CUENCA, Encarnacion. *Las normas constitucionales de contenido social: delimitacion y problemática de su eficacia jurídica.* Revista de Estudios Politicos. Madrid: Centro de Estudios Constitucionales, nº 76, abr/jun 1992, p.103-125.

CHITI, Mario P. *La carta europea dei diritti fondamentali: una carta di carattere funzionale?.* Revista trimestrale di diritto pubblico. Roma, nº 1, 2002, p. 01-26.

CORAO, Carlos M. Ayala. *El derecho de los derechos humanos.* Revista da Faculdade de Direito da Universidade de Lisboa, vol. XXXV, 1994, p. 5-54.

COSTA, Ana Poyal. *La eficacia de los derechos humanos frente a terceros.* Revista de Derecho Politico. Madrid: Universidad Nacional de Educação a Distancia, nº 34, 1991, p. 189-221.

DANTAS, San Tiago. *Igualdade perante a lei e "due process of law".* Revista Forense, Rio de Janeiro: Forense, abril 1948, p. 21-31.

FERNANDEZ SEGADO, Francisco. *La teoria jurídica de los derechos fundamentales en la doctrina constitucional.* Revista Española de Derecho Constitucional. Madrid: Centro de Estúdios Constitucionales, nº 13, set/dez 1993, p. 195-247.

FERRAJOLI, Luigi; STRECK, Lenio Luiz; TRINDADE, André Karam. *Garantismo, hermenêutica e (neo)constitucionalismo. Um debate com Luigi Ferrajoli.* Porto Alegre: Livraria do Advogado, 2011.

FERREIRA, Manuel Cavaleiro de. *Direitos humanos e Estado de Direito.* Revista da Faculdade de Direito da Universidade de Lisboa. Coimbra: Coimbra Editora, nº 1, 1997, p. 87-99.

FLORES, Joaquim Herrera. *A propósito de la fundamentacion de los derechos humanos y de la interpretacion de los derechos fundamentales.* Revista de Estudios Políticos. Madrid: Centro de Estudios Constitucionales, nº 45, mai/jun 1985, p. 177-212.

GAIO, Daniel. *A tutela dos direitos sociais.* Gênesis – Revista de Direito Processual Civil. Curitiba: Genedit, nº 21, jul/set 2001, p. 500-529.

JUBERIAS, Carlos Flores. Il dibattito sui diritti sociali nel constituzionalismo postcomunista. Diritto e Societá, nº 3, 2001, p. 309-335.

LOMBARDI, Giorgio. *Diritti de libertà e diritti sociali.* In. Politica del diritto, vol. XXX, nº 1, mar 1999, Bologna: il Mulino.

LUQUE, Luís Aguiar de. *Los limites de los derechos fundamentales.* Revista del Centro de Estudios Constitucionales. Madrid: Centro de Estudios Constitucionales, nº 14, jan/abr 1993, p. 9-34.

MARCENÒ, Valeria. *La Corte Constituzionale e le omission inconstituzionali del legislatore: verso nuove tecniche decisorie.* Giurisprudenza Constituzionale. Milano: Casa Editrice Dott. Antonio Giuffrè, nº 3, mai/jun 2000, p. 1985-2019.

MIRANDA, Jorge. *A abertura constitucional a novos direitos fundamentais.* Estudos em homenagem ao Professor Doutor Manuel Gomes da Silva. Coimbra: Coimbra Editora, 2001, p. 561-572.

——. *Os direitos fundamentais na ordem constitucional portuguesa.* Revista Espanõla de Derecho Constitucional. Madrid: Centro de Estúdios Constitucionales, nº 18, set/dez 1986, p. 107-138.

——. *Sobre a carta dos direitos fundamentais da União Européia.* Revista da Faculdade de Direito da Universidade de Lisboa. Coimbra: Coimbra Editora, nº 1, 2000, p. 17-21.

——. *Acabar com o Frenesim Constitucional.* Evolução Constitucional e Perspectivas Futuras. Lisboa: ACFDL, p. 653-662.

——. *Regime específico dos direitos económicos, sociais e culturais.* In: Estudos Jurídicos e Econômicos em homenagem ao Professor João Lumbrales. Edição da Faculdade de Direito da Universidade de Lisboa. Coimbra: Coimbra, 2000.

MORAIS, Carlos Blanco de. Os direitos, liberdades e garantias na jurisprudência constitucional portuguesa: um apontamento. O Direito, nº 132, jul/dez 2000, p. 361-380.

OLLERO, Andres. *Para una teoria «juridica» de los derechos humanos.* Revista de Estudios Políticos. Madrid: Centro de Estudios Constitucionales, nº 35, ser/out 1983, p. 103-122.

PANEBIANCO, Mario. Bundesverfassungsgericht, dignità umana e diritti fondamentali. Diritto e societá, nº 2, 2002, p. 151-242.

PASQUINO, Pasquale. *Tipologia della giustizia constituzionale in Europa.* Rivista trimestrale di diritto pubblico. Roma, nº 2, 2002, p. 359-369.

PEREZ LUÑO, Antonio-Enrique. *Las generaciones de derechos humanos.* Revista del Centro de Estudios Constitucionales. Madrid: Centro de Estudios Constitucionales, nº 10, set/dez 1991, p. 203-217.

——. *La fundamentacion de los derechos humanos.* Revista de Estudios Políticos. Madrid: Centro de Estudios Constitucionales, nº 35, set/out 1983, p. 7-71.

PIZZORUSSO, Alessandro. *Las «generaciones» de derechos.* Anuário Iberoamericano de Justiça Constitucional. Madrid: Centro de Estudios Constitucionales, nº 5, 2001, p. 291-307.

POLAKIEWICZ, Jorg. *El proceso historico de la implantacion de los derechos fundamentales en Alemania.* Revista de Estudios Políticos. Madrid: Centro de Estudios Constitucionales, nº 81, jul/set 1993, p. 23-45.

PORRAS NADALES, Antonio J. *Derechos e intereses. Problemas de tercera generacion.* Madrid: Revista del Centro de Estudios Constitucionales, nº 10, set/dez 1991, p. 219-232.

PRINCIPATO, Juigi. *I diritti constituzionali e l'assetto delle fonti dopo la riforma dell'art. 177 della Constituzione.* Giurisprudenza Constituzionale. Milano: Casa Editrice Dott. Antonio Giuffrè, nº 02, mar/abr 2002, p. 1169-1191.

——. *I diritti sociali nel quadro dei diritti fondamentali.* Giurisprudenza Constituzionale. Milano: Casa Editrice Dott. Antonio Giuffrè, nº 02, mar/abr 2001, p. 873-901.

RIVAYA, Benjamín. *Teorías sobre la teoría del contenido mínimo del derecho natural.* Boletín de la Faculdad de Derecho [de la] UNED, Madrid, Segunda Época nº 15, 2000, p.39-66.

ROLLA, Giancarlo. *Las perspectivas de los derechos de la persona a la luz de las recientes tendencias constitucionales.* Revista espanõla de Derecho Constitucional. Madrid: Centro de Estudios Constitucionales, 54, set/dez 1998, p. 39-83.

RUIZ-RICO RUIZ, Gerardo. *Fundamentos sociales y políticos em los derechos sociales de la constitucion española.* Revista de Estudios Politicos. Madrid: Centro de Estudios Constitucionales, nº 71, jan/mar 1991, p. 171-195.

SARLET, Ingo Wolfgang. *Os direitos fundamentais sociais na Constituição de 1988.* Revista Diálogo Jurídico, Salvador, CAJ, v. 1, nº. 1, 2001. Disponível em: http://www.direitopublico.com.br. Acesso em: 13 de novembro de 2002.

——. *O Estado Social de Direito, a proibição de retrocesso e a garantia fundamental da propriedade.* Revista Diálogo Jurídico, Salvador, CAJ, v. I, nº. 4, julho, 2001. Disponível em: http://www.direitopublico.com.br. Acesso em 13 de novembro de 2002.

SASTRE ARIZA, Santiago. *Hacia una teoría exigente de los derechos sociales.* Revista de Estudios Políticos. Madrid: Centro de Estudios Constitucionales, nº 112, abr/jun 2001, p. 253-270.

SCHNEIDER, Hans-Peter. *Peculiaridad y funcion de los derechos fundamentales en el estado constitucional democratico.* Revista de Estudios Políticos. Madrid: Centro de Estudios Constitucionales, nº 7, jan/fev 1979, p. 7-35.

STAFFORINI, Eduardo R. *Concepto y contenido del derecho social.* Revista de la Facultad de Derecho y Ciencias Sociales, Buenos Aires, Tercera epoca, a.9, nº 37, jan/abr1954, p.45-73

STERN, Klaus. *El sistema de los derechos fundamentales em la Republica Federal de Alemanha.* Revista del Centro de Estúdios Constitucionales. Madrid: Centro de Estúdios Constitucionales, nº 1, set/dez 1988, p.261-277.

SOLOZAVAL ECHAVARRIA, Juan José. *Algunas cuestiones basicas de la teoria de los derechos fundamentales.* Revista de Estúdios Políticos. Madrid: Centro de Estúdios Constitucionales, nº 71, jan/mar 1991, p. 87-109.

TRUJILLO, Isabel. *La discutida juridicidad de los derechos sociales.* Persona y Derecho – revista de fundamentación de las Instituciones Jurídicas y de Derechos Humanos. Pamplona: Instituto de Derechos Humanos, nº 45, 2001, p. 261-278.

VILLALON, Pedro Cruz. *Formacion y evolucion de los derechos fundamentales.* Revista Española de Derecho Constitucional. Madrid: Centro de Estudios Constitucionales, nº 9, jan/abr 1989, p. 35-62.

VILAS NOGUEIRA, J. *Igualdad jurídica y desigualdad econômica en el Estado capitalista: los derechos sociales.* Revista de Estúdios Políticos. Madrid: Centro de Estudios Constitucionales, nº 14, mar/abr 1980, p. 111-123.

ZAVASCKI, Teori Albino. *Defesa de Direitos Coletivos e Defesa Coletiva de Direitos.* In Revista da Ajufe, nº 43, Out/dez 1994.

Impressão:
Evangraf
Rua Waldomiro Schapke, 77 - POA/RS
Fone: (51) 3336.2466 - (51) 3336.0422
E-mail: evangraf.adm@terra.com.br